企业智慧

商业永续化运营体系

从企业的体系建设
到企业自动化的运营
再到企业永续发展的商业模式

杨明·著

中国财富出版社

图书在版编目（CIP）数据

企业智慧：商业永续化运营体系 / 杨明著. —北京：中国财富出版社，2015.4

ISBN 978-7-5047-5564-3

Ⅰ.①企… Ⅱ.①杨… Ⅲ.①企业管理 Ⅳ.①F270

中国版本图书馆 CIP 数据核字（2015）第 036373 号

策划编辑 宋 宇　　**责任印制** 何崇杭
责任编辑 王 波 赵笑梅　　**责任校对** 饶莉莉

出版发行 中国财富出版社
社　　址 北京市丰台区南四环西路 188 号 5 区 20 楼　　**邮政编码** 100070
电　　话 010-52227568（发行部）　010-52227588 转 307（总编室）
010-68589540（读者服务部）　010-52227588 转 305（质检部）
网　　址 http://www.cfpress.com.cn
经　　销 新华书店
印　　刷 北京京都六环印刷厂
书　　号 ISBN 978-7-5047-5564-3/F·2316
开　　本 710mm×1000mm 1/16　　**版　　次** 2015 年 4 月第 1 版
印　　张 12　　**印　　次** 2015 年 4 月第 1 次印刷
字　　数 161 千字　　**定　　价** 32.00 元

你能做到别人做不到就是高端

一个人成功与否不是取决于工作内容，而是取决于工作态度。我们常说工作没有高低贵贱之分，只是分工不同而已。我们还常说“要在平凡的岗位做出不平凡的业绩”。说这些话的人，通常都是领导，听这些话的人，通常都是员工。所以，说这些话的人，语气常常很真诚。但听这些话的人，表情常常很不屑。

这种表现并不奇怪。事实上，包括我在内，一直以来也不认可这些好听但空洞的话。我和许多人一样，坚信高端工作就是高端工作，低端工作就是低端工作。搞技术的和干体力的就是有着高低区别，它们之间存在无法逾越的鸿沟，没有可比性，完全不在一个层面上。

但一件事改变了我的这一看法。

有一次，我到某企业调研。该企业在金融、军工方面拥有大量的核心技术，公司战略是围绕着“高端制造、高端服务”来经营业务的。所谓高端制造，就是把生产过程中并不涉及核心技术的部分外包出去，公司只保留涉及核心技术的制造过程。但高端服务是什么，我并没有马上理解，直到听完该企业董事长的解释，我才明白过来。

原来该企业的业务不仅仅有金融、军工，还有一家物业公司。按照通常的理解，物业管理做得再好，也属于低端产业。但该董事长认为，这种观点是错误的。他认为物业管理看似简单，但要是做好了，却能成为高端产业。他们企业下属的物业公司，就是因为能做别的物业公司不能做的一些事情，所以成了公司高端产业的一部分。这家物业公司并不经营像小区物业管理等普通的项目，而只做大型的高端项目，比如政府部门的一些大型活动，或者全国性的一些体育赛事等，都是这家物业公司的核心业务。

董事长用一句话解释了他所认为的高端与低端，他说："什么是高端？你能做到别人做不到就是高端！"

时至今日，我仍能感受到这句话给我带来的震撼力。它让我明白了一个人成功与否不是取决于工作内容，而是取决于工作心态。

岗位普通不要紧，关键是对待工作要拥有"高端心态"。有的人从车间一线工人做起，慢慢做到了部门主管，甚至中高层领导者；有的人从秘书做起，慢慢做到了总经理、总裁。他们所凭借的正是这种高端心态：在任何岗位都能够把工作做到别人无法达到的高度。

我认为这种"高端心态"就是岗位精神的核心。其他如明确职责、坚守岗位、使命感等，都只能保证我们把岗位工作做好。但"高端心态"却能让我们在平凡的岗位中脱颖而出。一个拥有"高端心态"的人，即便把他放在最不起眼的岗位上，也能散发光彩。因为他能把平凡的工作做出高端的"味道"来。

目　录

第一部分　领导重塑：如何在组织中成就卓越

第二部分　组织建设：对企业组织实现精细化管理

第三部分　基业长青：为企业家解决发展的后顾之忧

第一部分

领导重塑：如何在组织中成就卓越

重塑的意义在于首先让企业家明白思维的距离、能力的缺失，从而进行弥补；其次回到自己的企业中，重新设计自己的模式，挖掘自己的核心竞争力；最后当自我和模式重塑完成后，实现组织的重组构建和企业的长期发展目标，进而成为真正的企业家。

第一章　企业家的领导力

【杨老师管理关键词】

企业四件重要的事：信任、需要、团队、品牌

企业就像是一架远航的航班，领导者就好比机长。无论飞机运载的是什么样的人、物，只要机长指引的方向对了，就一定能到达终点。商场暗流涌动，领导者就是要审时度势，及时应对经营中的各种变化，最终到达成功的彼岸。

第一节　卓越领导的五种行为

领导是一种人与人之间的关系，领导力是带领大家迎接挑战走向成功的能力。真正的领导力不在于拥有一个职位或头衔，要想成为优秀的领导者使员工自愿追随你，那么你必须拥有投资于人并鼓舞他们的能力。为了实现领导力的突破，必须卓有成效地领导并建立一个富有生产力的团队。你还必须帮助他人提升自我技能，进而使他们成长为新一代的领导者。

1. 充满激情

要想构建一支充满战斗力的团队，带头人必须以身作则，充满激情

才行。一个优秀的企业家要对自己的企业有个远期规划，并能使员工产生憧憬，为之努力。当谈论远期规划和企业的前景时，领导者应充满激情。当员工感受到他那种激情时，就会产生强大的驱动力，从而为实现这个目标而努力工作。

带头人的作用就是通过自己的言行点燃他们的激情。可以这样说，每一个成功的企业家都是充满激情的带头人，他们特别善于把自己的激情传递给下属，从而感召他们一起奋斗。

在创业过程中，一个好的带头人对提升企业的发展有着重要的作用。一个能力强大的带头人，其实就是一个极善于传达激情的人。通过他的激励将团队的潜能发挥出来，不仅是 100% 的发挥甚至是成倍的超长发挥。现在主流经济的重要特征是人才密集和智力密集，企业中的每个人都应当拥有足够的信息，以及做出决策和选择的权利。如果企业的带头人只是熟练地发号施令，那么团队就没有太大的战斗力了。一个精明有效的带头人，要用自己的言行给员工营造一种充满激情和创新精神的环境。

微软的创始人比尔·盖茨说过，激情能够激发 120% 的潜能。不管一个企业的文化到底是什么，要想提高效率，就得最大限度地激发每一个员工的潜能。一个自身充满激情的带头人能够通过自己的言行传达给员工信心，让他们感觉到跟着自己干，不仅有着美好的现在，还有着美好的未来。这样，他们在工作中就能爆发最大的潜能，做事也会更有经验和活力。

当然，激情不是喊出来的，喊根本没有实际效果，员工也根本体验不到。这需要有一个很好的机制和自由的环境做基础。带头人还要告诉员工，不管出现什么样的问题，自己就是他们最大的支持者。有了这样的保证，他们便会更加积极地投入工作了。

林顿·约翰逊对于这点深有体会。微软（德国）在企业内部成立了一个新的部门。与周围部门相比，这个部门缺乏激情，而且行动无力——这个部门的人认为微软有主流的业务部门，自己只是配角而已。

于是林顿·约翰逊就把他们叫到自己的办公室，与他们面对面交谈。他首先批评自己，说自己没有给他们定好位置。然后他提出解决办法，“我把你们的顾虑全部消除掉，让你们重新起跑，起跑时，我要告诉你们，你们的方向在哪儿，而且这个方向是你们可以达到的”。最后林顿·约翰逊给他们激情的鼓励，“如果做成功了，这不仅是你们的成功，而且会带来或者改变整个微软（德国）新的业务模式。”同时他保证，“如果你们在工作中，碰到任何问题，我将成为你们最有力的支持者。”这样一来，整个团队活力迸发，全部员工都全身心地投入到工作当中了。

林顿·约翰逊是通过给予员工充分的自由和信心，而成为富有激情的领导的。作为创业者，完全可以学习这种管理方法。如果创业带头人想使自己的团队成员充满激情，那么他就要给予创业伙伴充分的活动自由，让他们最大限度地按照自己的意愿去做事。这样的话，团队成员因为感受到了发展空间，就会爆发出无尽的热情。

反之，如果创业带头人一味地给创业伙伴下达命令，或者强调自己的想法让大伙去执行，那么大家的积极性就不会高。这就意味着这样的领导不是充满激情的带头人。

2. 共启愿景

作为企业领导人，首先要弄清楚愿景与目标之间的区别。一些人认为愿景就是目标，目标就是愿景，这显然是一种误解。

目标是清晰的、看得见的，是可以通过努力实现的。虽然愿景也必须是清晰的，但愿景更多的是一种内心的愿望，是一种驱动力，是人们愿意通过实践来达到的某一种境界。当然，跟目标不同的是，这种境界在短期内不一定能够实现。

目标可以分为短期目标、中期目标、长期目标，而愿景却只有一个，它从被确立起就不会轻易被改变。所以，愿景一定要大，人们很难轻易就实现它。如果人们很轻松地就实现了它，那么就会减弱前进的内在驱动力。而目标一定要小、要具体，具体到只要企业全体成员共同努力，就能实现它。

理论上讲，任何一个组织都需要一个愿景，否则这个组织就缺乏凝聚力，更缺乏持久的战斗力。同样，一个企业，不管它以前多么优秀，如果没有愿景作为内在驱动力，那么在完成一个又一个的既定目标后，这个团队就有可能变得懒散，不知道自己以后该如何做，更不知道自己工作的意义何在。

被称为“20世纪最伟大的CEO（Chief Executive Officer，首席执行官）”的杰克·韦尔奇认为，领导人的第一要务是“设立愿景，使愿景体现在生活作息中，并激发团队去实现它”。事实上，很多伟大的企业家都善于利用“共同愿景”进行领导和管理。《基业长青》一书的作者通过调查发现，“基业长青”型企业都有清晰的愿景和共同价值观。

比尔·盖茨的愿景是“使每一个人桌上都放置一台电脑”，亨利·福特的愿景是“使汽车大众化”，这些愿景都非常形象生动。福特还进一步表达了他的愿景：“我要为大众生产一种汽车……它的价格如此之低，不会有人因为薪水不高而无法拥有它……”

有人可能会说，现在一般都是企业在谈愿景，如果是一个团队有必要谈愿景吗？其实，如果你把企业和团队都看成“有机组织”，就会明白，对所有的“有机组织”而言，愿景的重要性在原理上都是一样的。所以，作为团队领导人，在和成员一起制定了共同的目标和路线后，还需要给团队树立一个共同的愿景，用以激发团队成员的内在驱动力，维持团队的持久战斗力。

在一定程度上，愿景就是理想。如果一个人没有理想的话，那么他做什么都没有激情，没有动力。团队如果只有目标没有愿景，人们的工作只是为了生存，而不是为了理想，那么这个团队是没有丝毫战斗力可言的。

3. 挑战现状

在创业的过程中，我们会遇到各种各样的困难和挫折。只有坚定信心，挑战现状，才能取得成功。挑战现状需要很强的行动力。

创业其实是一条艰苦的道路，每一个想要走这条路的人，都必须忍受磨难。企业领导人四处找贷款，银行不放款；拜访客户，客户无情拒绝；技术不成熟，大企业不跟自己合作……

这些都是企业领导人可能会遇到的困难。面对困难，首先要做的就是忍，坚定自己的目标，忍受住磨难。事实上，一个人只有忍受了别人不能忍受的困难，才能取得别人无法达到的成就。

在一个度假村里，有一只石狮，还有一条石头铺成的路。石头对石狮说：“咱们都是从大山里出来的，可我们的命运怎么差别那么大呢？你庄严威武，每天都有许多游客与你合影留念，而我成天被人踩在脚下，默默无名。这到底是为什么？为什么？”

石狮说："是啊！想当年咱们都是一个大山里的石头，你不知道我当时所承受的痛苦啊。你当时因为承受不住钻机往你身上钻的疼痛，一下子就崩开了。而我不论钻机怎么钻，始终不开一条缝，我也想要放弃过，但我还是承受住了。正是因为我忍受住了当时的痛苦，才有了今天。"

同是石头，坚毅的精神使其中的一块成了石狮子，而另一块因无法忍受痛苦，成了铺路石。由此可见，苦难练就天才，一个人只有用坚韧不拔的态度去面对困境，成功才可能到来。

当然，作为企业领导人仅仅忍受困难是不够的，想要成功，他还必须拥有坚强的意志。简单地说，企业领导人要在困难面前不退缩，从心底认为"应该能行，总有办法"。这样的信念只是坚强意志的一个层面，第二个层面是持续不断地思考，全面分析所有的条件，积极找出解决问题的办法。过去的办法不行，就要考虑其他的办法，不断地尝试，不断地创新。企业领导人只有做到这些，才能够克服困难，走向成功。

京瓷刚创建不久时，为保证新企业的营业额，解决员工的吃饭问题，稻盛和夫以开辟新客户为目标，经常上门营销。但当时的京瓷，没有知名度，没有实际业绩，他上门推销的结果往往是遭到无情拒绝。

最令稻盛和夫尴尬的是拜访 NEC（Nippon Electric Compony，日本电气股份有限公司）企业的那次经历。他当时真的什么也不懂，就跟门卫说，他希望见真空管部门的技术人员，对方当即拒绝。

他没有放弃，拜访了多次之后，他终于见到了那位技术人员。但是那个技术人员说："你一点都不了解我们企业，NEC 是住友派系的企业，因此陶瓷产品我们都会向同一派系的日本特殊陶业企业及日本电瓷瓶企业购买。你们京瓷既不属同一派系，又没有实际业绩，这样的无名企业贸然前来，我们绝不会向你们购买的。”他极其冷淡地拒绝了稻盛和夫。

对于如何获得订单，如何打破这种派系内部交易，稻盛和夫一点办法也没有，跟他同去的年轻营销人员很沮丧，而他作为领导，不能气馁，不能灰心。因此，他鼓励那个受挫的年轻营销人员："被拒绝的时候才正是工作的开始。思考如何打开困难局面，这才是我们的工作。”

无论遭遇怎样的困难，稻盛和夫都保持坚强的意志，不断地拜访客户，努力争取订单。最终京瓷以数十万个、数百万个单位接受廉价产品的订单，稻盛和夫和他的员工们一步一步积累营业额，将业绩扩大到了今天的 1 万亿日元。

稻盛和夫之所以能够成功，用他自己的话说，是归功于他的坚强意志。每当遇到困难的时候，他都相信一定能够克服它，并且拼命思考打开困难局面的办法。

与稻盛和夫相比，许多年轻的创业者之所以失败，就在于他们缺乏战胜困难的坚强意志。在看似不能解决的困难面前，这些创业者首先缺乏的就是战胜困难的信念，其次他们因为没有这种信念，也就不能积极地思考解决问题的办法。有部分创业者在困境面前直接选择放弃，还有的创业者不断调低自己的目标，直至放弃。这就是他们失败的真正原因。

无数的事实证明，成功由困难磨炼而成。当创业者遇到困难时，既要坚定信念，又要积极地克服困难，只有这样才能早一天成就大业。

4. 使众人行

我们知道，驱动一个个体前进有两种动力，一种叫作外部驱动，一种叫作内部驱动。外部驱动更多地表现为外在的刺激，诸如恐惧或者引诱。个体因为害怕领导的批评或者追求更大的奖励而努力，就属于外部驱动。内部驱动更多地表现在个体发自内心的向上的态度，他们因为认同企业的文化、愿景而奋发向上。事实证明，当一个个体跟随一个受人尊重和信任的领导人时，就会激发内部驱动。所以说，一个好的领导者，必须以身作则，这样才能形成高度的凝聚力。

5. 激励人心

科学有效的激励对于调动员工积极性、发掘员工潜能、提高员工素质等方面具有突出的作用。

（1）薪酬激励

薪酬激励是一个非常重要、最易被人运用的方法，也是目前企业普遍采用的一种有效的激励手段。

根据马斯洛需求五层次理论，人的需求是分层次的，只有满足了低层次的需求之后，才会考虑高层次的需求。薪酬作为满足低层次需求的保障条件，对绝大多数人来说，都有良好的激励作用。当然，薪酬激励并非是指盲目地给员工高薪，企业能否有效地运用好薪酬激励，使员工发挥最大的效用，是有一定的技巧性的。

曾经有一家企业，员工平均工资为1800元，生产的产品合格率在80%左右。老板希望员工进一步降低成本、提高质量，更好地为客户服务，他向薪酬经理提出：如果把员工工资加到2000元，合格率有没有可能上升到85%？

薪酬经理给出的建议是，把工资分解为1200元固定工资和600元浮动工资。如果产品合格率为80%，员工可得浮动工资200元；合格率为85%时可得300元；合格率为90%时可得400元……

按这样计算，如果老板支出每个员工1800元工资，合格率有可能达到99%！

由此可见，在薪酬总额相同的情况下，因其支付的方式不同，所取得的激励效果也是不同的。

（2）认可和称赞激励

人人都喜欢被认可与称赞，作为企业领导人，如果能够对表现好的员工给予赞美、肯定，员工的士气必定大增。这是非常廉价而有效的管理方法，但这种激励方式被很多人忽略了。

有一个促销员出色地完成了任务，于是兴高采烈地对店长说："我这个月的销售额比预期的多20%，这是我迄今为止做得最好的一个月。"

但是这位店长的反应却很冷淡，"是吗？你今天上班可是迟到了啊。近来好几次了，我可是一直没说你。"

员工本来是很开心的，没想到被店长说了一顿，忙说："二环路上堵车了。"此时店长严厉地说："迟到还找理由，都像你这样，我们店里怎么做生意！"员工垂头丧气地说："那我今后注意。"员工一脸沮丧地离开了店长的办公室。

通过这个例子可以看出，该员工主动寻求店长的激励时，不仅没有得到任何表扬，反而因为迟到被训斥，结果内心受到了很大的挫伤。

实际上，表扬激励员工对于领导来说是很容易做到的，比如对员工进行话语的认可、通过表情的传递、拍拍员工的肩膀、写张简短的感谢纸条等，都可以满足员工被重视、被认可的需求，从而收到激励的效果。

一旦企业领导者拒绝给员工赞美和肯定，他就错失了维持员工热情的机会，削弱了员工持续创造佳绩的动力。

（3）目标激励

设置适当的目标，激发人的动机，达到调动人的积极性的目的称为目标激励。在心理学上，目标通常被称为“诱因”，能够满足人的需要的外在物。个体对目标看得越重要，实现的概率就越大。因此，设置的目标要合理可行。

目标分为总目标与阶段性目标。总目标可使人有工作的方向感，但是实现总目标的过程会比较漫长且充满复杂性，甚至会使人感到遥远、渺茫，影响人的积极性。因此，需将总目标分成若干个阶段性目标，通过实现几个阶段性目标来实现总目标。阶段性目标使人感到具有可行性和合理性。

第二节　卓越领导的八个使命

在这个充满诱惑的时代背景下，领导者很容易受到外界的干扰，任何企业，尤其是小企业，都需要清楚地了解自己的使命，这样才能吸引、留住和激励更多优秀的人才，最大限度地激发员工的创造力和才能，使企业稳定健康地发展下去。

1. 寻找机会

现实中很多人都抱怨自己没有成功的机会。因为他们认为自己既不是“富二代”，也不是“官二代”，而很多好机会都被这些有着优越家庭背景的人抢走了。除此之外，现在也不是经济转型时期，依靠几千元就能创业的时代，已经一去不复返了。

（1）最好的机会在你手里

现实真的是这样吗？在紧缺经济时代和改革开放的前期，同样存在优势资源被有着良好背景的人占有的现象。而且，我们所处的这个时代，虽然确实没有低门槛就能进军房地产行业，几千元就可以开广告公司，家庭小作坊也能成长为大型制造厂商的机会，但是如今互联网如此发达，不照样可以凭借着敏锐的市场嗅觉，捕捉到将来的发展机会吗？

事实上，机会的多少并不值得探讨。因为每个时代都有每个时代的特殊性，每个时代都有特殊的机会。对于真正有能力的人来说，他们在任何一个时代都能抓住属于自己的机会。

之所以有很多人纠结于机会的多少，就在于他们没有认识清楚到机会到底是什么。也许许多人都认为机会是可遇不可求的，但实质上每个人都拥有成功的机会，机会是从尽心尽力地工作中而来的，并不是传奇故事中奇迹般的一瞬间。所以说，最好的机会其实就在你的手中。

（2）把握现在就是把握机会

很多人之所以抱怨没有机会，是因为他们常常把自己的视野扩展到自己能力达不到的地方，而不是把握现在的事情。我们经常能够听到这样的议论，“如果给我那样的机会，我也能做得不错”“可惜呀，咱没有这样的机会哦。”发出这种感慨的人，常常抱怨，却不认真地做好身边的事情，把握自己能干好的事情。

真正的成功者都是从做好当下开始的，而不是一心想着将来的机会。对他们而言，工作就是机会，执行一次任务就是机会。能够把这些事情做好，也就能迎来成功。

1992年，联想有到深圳上市的机会。这年3月，柳传志在联想的干部会议上发表了这么一段讲话："我们把自己比作鲤鱼，这个比喻确实不错。说鲤鱼是什么意思？说鲤鱼是龙种，跳过龙门就成龙了。我们的运行机制，我们现在的这个班子，说明我们是鲤鱼，不是胖头鱼，那些鱼个儿再大也跳不过龙门去。另外，我们现在身上带有金鳞，个头也够大，不是一般的小龙种。如果我们开出一条新路，跳过了龙门，我们谦虚地说，我们确实是小龙种；跳不过去金鳞就会慢慢褪掉，水再一干，鲤鱼同样会枯死。"

柳传志把上市的机会比作龙门，把联想企业比作鲤鱼。按当时情况，联想如果能够到深圳上市，就等于鲤鱼跳过龙门化鱼为龙，一下子提高了公众影响力，获得难以估计的无形财富。

其实，社会上绝大多数人和企业都是鲤鱼，能不能最终变成龙，就看是否越过了龙门。龙门对于我们而言就是关键的机会。在前进的道路上，珍惜跃龙门的机会就意味着接近成功。

我们常说一个人或者企业的成功要靠实力、靠战略、靠坚持不懈，这些都是必须的。可是引领一个人从平凡走向成功，引领一个企业从平凡走向卓越的关键，还是在恰当的时候抓住机会。一个人只有抓住了机会，人生才能发生质变。一个企业只有把握住难得的机遇，才能发展壮大。

2. 尝试并承担风险

联想创始人柳传志经常讲，要谋定而后动。也就是说，凡事一定先考虑好了，再开始行动。在值得冒险的时候，才可以放手一搏，但是冒险要有限度，不能冒进。对此他是这样描述的，“我比较喜欢做事的。全是老老实实的，那肯定我不中意。但是敢把一篮子鸡蛋往上砸这种，我也不中意。当年我是拿一筐鸡蛋往上砸，那时候光脚没鞋穿我不怕，等自己都西装革履以后，就不敢了，所以只能拿 20% 的东西一把砸上去做这件事情，其他的事情我们稳着做。但是你连 20% 的东西也不敢往上砸，这样的人，我也瞧不上。”

柳传志在这段话里首先强调的就是冒险精神。创业者必须有足够的冒险精神，才能做成大事，因为机遇偏爱勇敢的人。

很久以前，一个年迈的美国乡下医师驾车来到一个乡镇。等他拴好马之后，就从药房后门进入里面与一个年轻店员谈生意。老医师与店员低声谈论了一个多小时，然后走出去，在他的马车上取出一把木质的板子和一只老式大壶，他把它们放进药店。年轻的店员在检查完大壶之后，从自己口袋里取出一卷钞票，递给医师，那是整整 500 美元。当时，这笔钱可是一个相当大的数目，它是店员的全部积蓄。

老医师在收好钱之后，给店员留下一张纸条，纸上是一些文字和公式，具体写明了壶里液体的配制方法。这方法就是可口可乐最初的制作秘方，而那个年轻人，就是可口可乐的创始人阿萨·坎德勒。

阿萨·坎德勒当初的这笔交易是冒很大风险的。因为万一这个秘方失败，他将失去所有的储蓄。当然，一旦成功的话，他也将获得很不错的发展前景。在夹杂着巨大风险的机遇面前，他最终选择了冒险。结果，他成功了，因为这个秘方，他获得了难以计数的财富。

许多成功创业家的故事实际上都跟阿萨·坎德勒的差不多，这些人不见得比我们“会”做什么，他们与我们最关键的区别在于，他们比我们“敢”做什么。事实证明，机遇往往是跟风险并存的，想要把握机遇就得承受风险。风险很小而又有很大成功前景的事情，几乎不存在。就算那样的机会确实存在，也不一定恰好被我们遇上。所以说，当创业者面对一个好机遇的时候，一定要有敢于冒险的精神，努力抓住机会。

3. 明确价值观

核心价值观是企业长盛不衰的根本信条，优秀企业的核心价值观一般不超过 6 个。概括起来讲就是这 6 方面的内容：关于经营的事业，关于产品，关于员工，关于为人，关于工作作风，关于客户。

（1）核心价值所涉及的方面不会很广

既然是核心价值的东西，自然它所涉及的方面就不会很广，而它是企业最为根本、最不可动摇的。如果一家企业设计了十几条之多的价值观，那么它很可能是因为还没有真正考虑到本质的东西，或是混淆了核心价值和经营做法、商业谋略等。

比如，下表中知名企业核心价值观示例：

知名企业核心价值观示例

波音	• 领导航空工业；永为先驱 • 应付重大挑战与风险 • 产品安全与品质 • 正直与合乎伦理的业务 •“吃饭、呼吸、睡觉念念不忘航空事业”	花旗银行	• 扩张主义：在规模、服务种类、地区设点方面采取扩张主义 • 遥遥领先：例如最大、最好、最能创新、获利最高 • 自主与企业精神（通过分权） • 实力主义 • 积极进取与自信

续 表

福特汽车	• 人员是我们的力量源泉 • 产品是“我们努力的终端成果”（我们以汽车为业） • 利润是必要的手段与衡量我们成就的指标 • 以诚实及正直为基础	沃尔玛	• “我们存在的目的是提供顾客物有所值的东西”——用比较低的价格和比较多的选择改善他们的生活，其他一切都属次要 • 力争上游，对抗凡俗之见 • 和员工成为伙伴 • 热情、热心、认真工作 • 精简经营 • 永远追求更高的目标
宝洁	• 产品完美 • 不断自我提高 • 诚实与公平 • 尊重与关心个人	美国运通	• 英雄式的顾客服务 • 世界性的服务可靠性 • 鼓励个人的首创精神

提供这些企业的核心价值，目的是让大家借鉴和学习，而非生搬硬套它的价值观。核心价值观并非来自追随外人的指令和研读管理书籍，更不是纯粹的智力运作。所以有必要了解一下核心价值观的特征，然后根据企业的发展需要，确立适合自己企业的价值观。

（2）核心价值观的特征

①确立核心价值观，应抓住自己企业的文化和理念，而不是生搬硬套其他知名企业价值观。

②核心价值观是以企业的内在要素而存在的，很难被外在环境改变，也不是出于竞争需求，或者追求管理时尚。

③优秀企业不是在成功以后才拥有崇高的理想和自己的核心理念的，而是在它们还处于草创时期，核心理念就已经确立了。

④核心价值观的灵魂在于“真实与诚实”。

⑤任何一家企业，最关键的不是它拥有什么样的核心价值观，而是它是否拥有自己的核心价值观。

4. 树立榜样

如果说在困境的时候，“跟我冲”是领导冲锋在前的话，那么在顺境的时候，“跟我冲”就意味着领导要以身作则。

（1）以身作则、率先垂范

古语说：“其身正，不令而行。”领导者理应明白，职权只能使员工服权而不一定服人，如果员工口服心不服，领导者的威信便很难树立起来。

领导者无论职务多高、权力多大、资历多深，要求别人做到的自己先要做到，要求别人不做的自己坚决不做，这样才能带出一个团结、激情、有执行力的团队。

张瑞敏是中国最成功的企业家之一，被英国《金融杂志》评为全世界最受尊敬的30位企业领袖之一。尽管如此，张瑞敏还是每天穿着企业制服上班，同职工们一样打卡，在职工食堂就餐……

张瑞敏的以身作则、严于律己，赢得了海尔中层骨干和基层员工的喜爱和敬佩，于是整个海尔团队都形成了强大的执行力和凝聚力。

正人先正己，做事先做人。领导者必须身先士卒、以身作则。“同志们，跟我冲”——领导者在说这句话的同时能保证自己做得到。

（2）领导者的身教言传

俗话说：“喊破嗓子，不如做出样子”，领导者通过身教言传，使广大员工产生敬佩与信赖，从而产生强大的向心力和感召力，进而形成巨大的执行力。

韩国大宇集团总裁金宇中每天都会工作到深夜才休息，紧接着次日凌晨5点钟起床，继续工作十几个小时。这一习惯他保持了20多年，并且经常对员工说："为了明天的繁荣，我们必须牺牲今天的享乐，因为我们还是发展中企业。"

金宇中的行动感化了整个大宇集团的所有中层干部，也因而传递到每位基层员工的心里，使得大家都会自觉为了集体利益努力工作。

古人云："人不率则不从，身不先则不信。"领导者如能以身作则，那么即使他不发号施令，部下也会奋勇跟上。领导力与威信，往往不是由语言产生的，而是由行动体现出来的。每一个聪明的领导者都应该明白这个道理。

5. 感召他人

(1) 领导者的感召力

领导者的感召力来自他的影响力和个人魅力。

首先是梦想。任何一个优秀的领导者都是有梦想的人，他想实现自己的梦想，并且为了这个梦想，愿意付出巨大的代价，甚至是生命。

其次感召力体现在领导者的个人意志力上。充满感召力的领导者都是意志坚强的人，尽管在实现梦想的过程中会遇到各种挫折，他们仍会一如既往地坚持，执着地实现自己的梦想。

再次是激情和勇气。一个领导者的感召力很大程度上体现在他的激情和勇气上。在面对困难的时候，领导者首先是动用自己内在的激情去鼓动大家，然后用自己的勇气去激励大家。没有勇气和激情的人是无法成为一个有感召力的领导者的。

最后有感召力的领导者都是充满智慧的人。他们会用战略的眼光去看待和处理问题，以此来取得最佳的效果。如果一个人在决策的时候常常考虑眼前的利益，而不是用一个长远的眼光看问题，就不会有人愿意追随他，即便有人跟着他做事，也一定不会坚持太久。所以，好的领导都是智慧无私的人，他们渴望成功，也会用自己的智慧去带领大家一起成功，而不是只在乎自己的利益。

（2）感召力与头衔无关

很多人都认为，一个人只有拥有很高的职位或者是头衔才能具备感召力。事实并非如此，感召力与头衔无关。

这是因为感召力是一种能力，而不是职位。一个人不管自己有没有下属，只要他进行了领导的活动，就发挥了感召力，成为领导者。相反，如果一个人拥有很高的头衔，但是他没有发挥感召力，那么他也不具备领导力。

每个人每一天都有机会领导别人。这跟职位高低、资历深浅无关，也无关企业或者组织的规模大小。不论身份地位高低，任何人都可以修炼成为领导者，并改变或影响身边的人或事。现实生活中的很多例子都能印证这个观点。我们到孩子的游戏场上去看，有人被选为队长，有的人自发成为队长。事实上成为队长的孩子并没有什么头衔，但是由于他们参与了领导的活动，所以具备了领导力。

6. 促进协作

中国有一句古话："千人同心，则得千人之力；万人异心，则无一人之用。"说的就是如果一千个人同心同德，就可以发挥超过一千个人的力量，可是如果一万个人离心离德，恐怕连一个人的力量也比不上了。

可见，我们要相互协作，才能获得更多，不要动不动就有“这是我的，跟你没关系”，或“别人的事情跟我没关系”的思想。

我们不妨想一想，在工作中，我们的员工有没有互相协作，我们的团队有没有互相帮助？作为团队领导者，要想做好团队协作，提高员工的团队意识和协作意识，可以从以下几个方面入手。

（1）与下属一起制定和执行协作规则

如果要在团队内部倡导协作，就需要把协作当作一种文化，每天都应该观察自己的员工能不能协作。为强化员工的协作意识，可以请员工讲自己协作的故事。

比如，在开早会时：“小孙，我们想请你跟大家分享一下，昨天发生在你身上的协作的故事。”如果小孙讲不出来，就再给她一个任务：“下次早会还是你讲。”直到有一天小孙能讲出来为止。

当领导重视某个问题的时候，下属也会重视；当领导让大家分享自己的协作故事的时候，下属就会时刻注意协作。于是，大家经常会这样询问自己：“我怎么去跟别人协作？”“我怎么去帮助同事和合作伙伴？”

员工的协作做得好时，一定要给予奖励和鼓励，这就要求团队领导者一定要与下属一起制定和执行协作的规则。

（2）不断要求员工相互协作

作为团队领导者，如果平时不要求和督促员工协作，也不关注员工彼此之间有没有协作，那么协作标准就很难灌输下去。你帮助了别人，别人才会帮助你；你不帮助别人，别人也不会帮助你。只有相互协作，才能形成良好的协作氛围。

（3）有针对性地沟通，找到解决方案

对于一些喜欢独来独往，跟别人难以很好协作的员工，团队领导者要有针对性地找他们沟通，了解他们对于协作的真实想法。是团队中一直没有人帮他们，还是团队中没有好的协作氛围？

通过沟通找出问题的根源和解决问题的方案。一定要先了解清楚问题出在哪里，然后才能有针对性地指导员工如何协作。

（4）营造开放的交流氛围

在团队中，一定要让成员之间互通消息，营造开放的交流氛围，千万不要隐藏信息。在很多企业里，知道营业目标的永远只是团队领导者，那么，要想使企业拥有一个良好的工作氛围就需要让下属知道团队的目标。

比如，告诉自己的下属："小李、小张、小王、小马，这个月我们的绩效是每天要完成 2 万元的营业额，我们一定要相互帮助，共同努力才能做到。"

通过这种开放式的交流，让员工提高互相协作的意识，甚至可以把 2 万元营业额的目标平摊到每个员工身上。这时，你会发现员工们会互相激励，努力工作，用心地想怎么完成任务。

7. 帮助员工实现梦想

我们处在一个讲求共赢的社会环境当中，一个团队想要有战斗力，其成员之间必须保持共赢的态势才行。一家企业也是如此，任何一家企业的成功都不是单纯的老板个人的成功，而是老板与员工一起努力得到的成就。

所以，企业赢利之后，老板和员工都能公平地获得相应的报酬才能使企业健康地运转下去。而实际上，很多老板意识不到这一点，他们只在乎自己的成功而忽略员工的诉求，这就造成他们的企业很难获得持久的发展。

实际上很多保持健康态势的企业，其老板都是特别注重员工诉求的，他们甚至本着这样的心态建立企业，即创建一个平台帮助员工实现梦想，顺便实现自己的梦想。

老板激发员工成就感的一个有效策略，就是充分尊重员工的自主性。研究表明，成就需要是基于内在心理体验的一种需要。其满足来源于人们对所取得的工作绩效的一种内在心理体验。这种体验包括两种：一种是对工作成果中凝结的个人贡献的体验，一种是将个人贡献与他人比较获得的优势体验。

通常来说，一个人获得的自主性越大，个人在团队中的地位越高就越能体验到成就感。这就要求领导者在管理团队的时候，一定要给予下属充分的自主性。领导者能放的权力，一定要放，让员工发挥最大自由完成工作任务。这样，当他们完成任务的时候，就有最大程度的实现自我价值的感觉。

实际上，很多领导者并不明白这个道理。他们在带团队的时候，常常这也管那也管。这样就导致员工的自主性没地方发挥，他们被老板束缚住了。在这样企业工作的员工通常是感觉不到多少成就感的，所以他们的工作积极性也很差，大部分人基本上都是当一天和尚撞一天钟的工作状态。这样的团队显然是没有战斗力的，当然也不会获得持久的发展。

相反，在一些著名的企业里，精明的老板总是给员工最大的工作空间，让他们体验主人翁的感觉，而自己只负责鼓励和帮助员工。

微软是一家没有官僚作风的企业。企业的领导者比尔·盖茨充分尊重员工，放权给每一个人主导自己的工作。微软的员工处处都能体会到一种平等的感觉，比如，微软没有“打卡”的制度，每个人上下班的时间基本上由自己决定。在这家企业里，资深人员基本上没有“特权”，依然要自己回电子邮件，自己倒咖啡，自己找停车位，而且每个人的办公室基本上都一样大。

比尔·盖茨施行“开门政策”，这就是说，企业的每一个人都可以找任何人谈任何话题，当然，任何人也都可以发电子邮件给任何人。一次，一个新员工在开车上班时撞了比尔·盖茨停着的新车。她吓得询问老板该怎么办才好，老板告诉她只要发一个邮件向比尔·盖茨道歉就是了。于是，她发了一封电子邮件给比尔·盖茨，不到一个小时，对方便回信了，他告诉她，别担心，只要没伤到人就好，还对她加入企业表示欢迎。

微软企业不仅在一些细节上给予员工充分的自由，而且它还鼓励员工畅所欲言，对企业存在的问题，甚至上司的缺点，毫无保留地提出批评和建议。比尔·盖茨说：“如果人人都能提出建议，就说明人人都在关心企业，企业才会有前途。”微软因此开发了满意度调查软件，每年至少做一次员工满意度调查，让员工以匿名的方式对企业、领导、老板等各方面作回馈。所以，微软的每个经理都会得到多方面的回馈和客观的打分。比尔·盖茨和其他高层领导和人事室都会仔细地研究每次调查的结果，计划如何改进。

1995 年，当比尔·盖茨宣布不涉足互联网领域产品的时候，很多员工表示反对。其中，有几位员工直接发信给他说，你这是一个错误的决定。当比尔·盖茨发现很多人都反对他的意见时，便花很多时间与这些持反对意见的员工见面，面对面地探讨这个问题，最后他写出了《互联网浪潮》这篇文章，承认了自己的过错，改变了当初的想法。同时，他把许多优秀的员工调到互联网部门，并为此取消或削减了许多产品，以便把企业的更多资源调入互联网部门。那些当初批评比尔·盖茨的人不但没有受处分，而且得到重用，如今他们都成了企业重要部门的领导。

比尔·盖茨处处给予员工足够的自由和尊重，这就使得他的员工能够获得一种成就感，从而尽心尽力为企业工作，这是微软企业强大的一个重要原因。刚刚创业的人在管理企业的时候，更应该学习比尔·盖茨的管理策略，给创业伙伴充足的信任和自由，让大家感受到创业成功不仅是成就你个人，更是成就大家，这样企业才有凝聚力和战斗力。当然，创业者这样做也在无形当中提高了自己的领导力。

大道至简，知易行难。许多人都明白“先成就同伴，后成就自己”的道理，可就是做不到。归根结底，这就是自私自利的心思在作怪，他们不愿意把权力和利益与他人分享，而只想自己独享。创业者想成功就要克服这种小家子气的毛病。作为企业的领导者要具备先成就别人后成就自己的心胸，并且尽力去实现它，成功就会水到渠成。

8. 展望未来

身为企业领导者，不仅要了解企业的核心价值，还要正确认识企业的使命。只有认清了企业的使命，才能展望未来。因为它是你努力工作的根本动力所在，只有在充分认识、认可的基础上，企业领导者才有可能为之奋斗不息。

（1）了解自己的使命

在这个充满诱惑的时代背景下，人们很容易受到外界的干扰，任何干部，任何企业，尤其是小企业，都需要了解自己的使命，这样才能更大程度地开发员工的创造力和才能，才能吸引、留住和激励更多优秀的人才，从而帮助自己和团队把工作完成得更加出色。

正如管理大师彼得·德鲁克所说，任何一个组织，最优秀、最有奉献精神的人最终都是自愿者。所有的自愿者都是奔着使命而奋斗的。

（2）使命是企业的灵魂

使命是企业除了赚钱之外存在的根本原因。一个有效的使命反映了人们对事业的重视程度——决定了他们的动机，而不仅仅是对产品和目标客户的一种描述。它抓住了企业的灵魂，它表述的是企业在利益之上存在的深层原因。

使命，它可以延续上百年，不应该将其和具体的目标、商业战略（在经营中可能不断变化）混为一谈。尽管你可以达到一个目标或完成一项规划，但你不一定能完全实现自己的使命，使命就像是指引方向的恒星，可以永恒地追随，却永远不可能达到。核心使命可以引导和激励组织成员去实现一个又一个目标，完成一个又一个胜利。

第三节　领导者要有的开放心态

不少领导者认为，在工作中，“我指挥，你们行动”是天经地义的事情，员工就应该服从命令，努力工作。其实不然，站在员工的角度上思考，他们也许就应该服从命令，努力完成任务，但是，站在领导者的立场上，就不应该这样看待问题，领导者的使命是组织大家做事的成事者。

在形式上，领导者是在命令与指挥员工，而实际上员工是在帮助自己成事。领导者需要有开放的心态，做到积极、耐心、开朗、包容。如果你没有这样的修养和心态，是不会成为优秀的领导者的。

1. 积极

面对激烈的竞争，领导者一定比员工的压力大。作为领导者，无论遇到什么困难和压力都不能在员工面前抱怨，避免自己的情绪会感染给下属员工。领导者只有保持积极乐观的心态，才能正面地影响和感染员工，让他们变得更积极、更有希望。

首先，积极的心态是领导者成功的血液。领导者在成功的路上难免遇到困难，只有具备积极的心态，才能主动寻找解决问题的方法，而不是自怨自艾，听天由命。积极的心态还会使人在极端困苦和危急的状态下积极应对而不是放弃。积极的心态是成功的法宝，所有的成功都是以积极的心态为基础的。它就像血液一样，融于所有事业的成功因素之中。

其次，积极的心态能吸引积极的员工。如果你是一个积极乐观的人，你自然会吸引来同样积极乐观的人，为你创造好的条件，支持和帮助你实现你的目标。相反，如果你是一个负面悲观的人，你就会吸引一些同样悲观的人，而自己陷入不利的环境中。

最后，积极的心态具有感染力，能够传递给员工。俗话说：近朱者赤，近墨者黑。当领导者是一个积极乐观的人，那么与他一起共事的员工一定也会受到感染，变得积极起来。一个拥有积极心态的员工，必定也能如领导者一样自信、有感染力，有梦想。

2. 耐心

所谓耐心，是指动态而非静态，主动而不是被动，是一种主导命运的积极力量，而不是向环境屈服。作为领导者必须要具有一定的耐心。只有具备了耐心，才能专注自己的目标，不会因为一次、两次的失败而退缩、放弃，最终走向成功。

作为领导者，还需有耐心地倾听来自员工的声音。倾听时，一般要做到少讲多听，不要打断对方的讲话，给对方充分的时间来表达自己的意思；设法使交谈轻松，使倾诉的员工感到舒适；领导者要表示出有聆听的兴趣，不要表现得冷淡与不耐烦；尽量排除外界干扰；站在员工立场上考虑问题，表示出对员工的理解；控制情绪，保持冷静，不要与员工争论；巧妙地利用时机提出问题以示你在充分倾听和求得了解；不要计较员工口气的轻重和观点是否合理。

作为领导者要对培养员工有耐心。每一个领导者都希望自己的员工能更快成长起来，进而可以独当一面。员工更快地成熟起来，不仅可以帮助领导分劳、分忧，还能提升团队的产能和产出。

但是，管理是一个逐渐引导、慢慢渗透的工作，不会今天管了，明天就立刻变了样子，它不是一蹴而就的事情。因此领导者一定要有足够的耐心，员工成长并不会因为你多投入 5 倍的精力和关注，过程就能缩短到原来的五分之一。

想象一下园丁的做法，当他栽种的植物成长不如预期，他并不会去责备这些植物，而是为它们提供更好的成长条件。员工的培养也是相同的道理。

3. 开朗

作为领导者，一定要活跃开朗，不要每天板着脸摆老板的架子。做事情不要带情绪，每天要开朗积极地工作，让你开朗感染大家，使大家都快乐起来。只有轻松的氛围才会让员工积极，如果你不活跃不高兴，你的员工就会压抑，就会把情绪带到工作中来影响工作效率。所以性格开朗很重要。

性格开朗的领导者具体要做到：每天早上先开口向你的员工问好；

提高说话的声音，并且加快行动；洒脱地、积极地表现自己的情感，如喜欢、激动、敬佩、惊讶等；注意自己的服装和表情，给人以干净、利索、不做作的感觉；始终保持微笑。

4. 包容

作为领导者要有“宰相肚里能撑船”的胸怀，对员工在工作中造成的麻烦和干扰，多一些理解和包容，并且给予正确、积极的引导。只有这样的领导，才能使员工团结一致。

一位心理学家说过：如果员工能在完全放松、一点儿也不紧张、没有杂念的状态下工作，就能发挥他应有的能力。要想使员工进入这样一种精神状态，不仅要靠其自身的精神境界和自控能力，还需要领导者创造一个宽松、和谐的外部环境。

作为领导者一定要容得下比自己强的人，对他们提出的意见进行鼓励和支持；领导者也要有容人之短的胸怀，甚至要善用人之短，比如一个人爱挑剔，那么就可以把他安排在需要“斤斤计较”的岗位上，这也是发挥了他的短处的“优点”；领导者还要可以容人之错，每个人都难免犯错，而只有一个敢想、敢做的人才有可能犯错，所以犯错的员工可能更能干、更有创造力；领导者还要容人之异，对于不同的意见和建议，绝对不可打击禁止，而是要多鼓励、多支持，只有这样才能寻找到更好、更快的发展之路。

第四节　企业家扮演的角色

1. 对高层领导的要求

这里说的企业高层领导主要是指董事长和职业经理人。

董事长的职责首先是要定好战略方向，你不是车头，应是轨道、平台。董事长还应该建立健全企业的运营体系和管理制度，打造独有的企业文化。另外，董事长还要投资决策正确，并为之提供足够的资金支持。

对职业经理人的要求包括：经营决策正确；战略目标明确；高效团队管理；有效资源整合。

2. 高层管理者的 4 种角色

（1）借公司之名行事

俗话说，"火车开得快，全靠车头带。"一个团队的绩效高低主要在于领导者。高层领导要与大家齐心协力、共创辉煌。

作为名义领袖要做好以下工作：款待客户或顾客；接受外部的采访；以领袖名义出席外部集会；陪同官方来访者。

（2）演讲者

当今，企业发展融资需要演讲、员工培训需要演讲、嫁接项目需要演讲、增加客户受众面需要演讲等，企业置身于一个信息化、媒体化的时代。与企业相关的信息到处传播，企业被媒体时刻关注。企业要让公众了解、认知，离不开信息、离不开媒体。而企业的高层领导代表了企业的形象，与供货商或分销商进行沟通，与战略合作伙伴交涉，演讲者非常重要。

（3）团队的构建与管理

企业人员的聘用需建立团队管理机制，确定责任人，要确保团队成员得到表彰；多组织能提升团队士气的活动；定期举行会议，鼓励成员谈自己的看法、展示成果、明确目标。

（4）开发者

开发者需要了解行业发展的趋势，实时为企业提供发展的方向与项目，了解市场变化；关注外部环境，包含营销战略开发、发展战略开发、品牌战略开发、融资战略开发、技术战略开发、人才战略开发、资源战略开发等。企业战略开发能帮助企业有效地获得额外的效益。

3. 领导是一种能力

领导是一种综合能力，由以下几个方面组成。

（1）领悟能力

新的领导人上任伊始，有一个方面经常被大家忽视，那就是快速的领悟能力。不同水平领军人物的领悟能力可以细分为5个级别：一是发现问题的能力，二是分析问题的能力，三是解决问题的能力，四是总结问题的能力（推广之后同类问题不再出现），五是升华问题的能力（即上升为制度、企业文化）。

（2）计划能力

要具备较好的计划能力，首先要知道一份计划必备的要素。计划的六要素：时间、目标、衡量标准、执行方案、修正措施、危机处理措施。

（3）指挥能力

指挥能力和你的性格有关系，所以这个能力80%是天生的，另外就是多读书扩展自己的见识；要胆大心细、思维灵敏、举一反三；要有远见，能看到一些更深层次的东西；最重要的是要合群，多交朋友。

（4）控制能力

控制能力就是领导、管理者为了保证组织目标的实现，对于工作人员的实际工作进行衡量和评价，并采取相应措施以纠正各种偏差的一种能力。它包括对资金、市场、消费者的掌控，对事业格局的规划和对权力的运用。找准团队核心的竞争力，即是对全局的把握，使其时刻处于自己的控制之中。

（5）协调能力

协调能力就是正确处理组织内外各种关系，为组织正常运转创造良好的条件和环境，促进组织目标的实现。在企业管理中，这是管理者要更好地维护自己和上下级关系的一种能力。对下的问题要进行消化、反映、反馈；对上的问题要进行解码、下传和反馈；对己的问题要进行思考、上报和下传。作为中间层的管理者，要真正维护好上级、自己和下级的关系，并能很好地把各项工作做好，其实是难度最大的事情。

（6）授权能力

企业对管理者授权的同时一定要有监督。如果没有监督，就不知道干部在干什么，就控制不了整个局面。监督是一种重要的管理手段，能够保证权力不被滥用和失控，能够及时地发现工作中出现的各种问题，便于采取适当的措施予以纠正和解决，从而保证顺利实现计划和达到目标。

（7）判断能力

判断能力是指人对事物进行剖析、分辨、单独进行观察和研究的能力。判断能力较强的人往往学术有专攻，技能有专长，在自己擅长的领域里有着独到的成就和见解，并进入常人所难以达到的境界。同时，判断能力的高低还是一个人智力水平的体现。分析能力是先天的，但在很大程度上取决于后天的训练。在工作和生活中经常会遇到一些难题，判断能力较差的人往往束手无策；反之，判断能力强的人往往能自如地应对一切难题。

一般情况下，一个看似复杂的问题，经过理性思维的梳理后会变得简单化、规律化，从而轻松、顺畅地被解答出来，这就是判断能力强的表现。

(8) 创新能力

创新能力是指运用知识和理论，在科学、艺术、技术和各种实践活动领域中不断提供具有经济价值、社会价值、生态价值的新思想、新理论、新方法和新发明的能力。创新能力是民族进步的灵魂和经济竞争的核心。当今社会的竞争，与其说是人才的竞争，不如说是人的创造力的竞争。

第二章　管理思维模式

【杨老师管理关键词】

管理、价值、艺术、职业、计划、组织、授权、控制、自我管理、团队与组织管理、战略管理、战术管理、管事、管人

管理其实很简单。管理学教授说，管理就是计划、组织、授权、控制。企业家说，管理就是自我管理、团队与组织管理。战略家说，管理就是战略管理与战术管理。哲学家说，管理就是管事与管人。

领导者如何激励他人自愿地在组织中做出卓越的成就；领导者如何通过实际行动，把理念化为行动，把愿景化为现实，把障碍化为革新，把分裂化为团结，把风险化为奖赏；领导者要创造一种氛围，让人们敢于抓住极富挑战性的机会，取得非凡的成就。

第一节　掌握管理的两种兵器：制度＋人性

1. 制度化管理，人性化领导

企业要的是什么？首先是信任，要想企业信任，就要敢于承诺，敢

于复命。

小邱工作非常勤奋，每天都工作到很晚，总是能很好地完成交给他的工作。有一次，企业准备举办春季经销商订货会，急需印制2000多本宣传册，但是负责印刷的同事请假了，小邱就主动要求负责宣传册的印制工作。

他先找了三家印刷企业，咨询完价格，做完比较后，最后选中了一家。接下来的几天，他不断地在印刷厂和企业之间来回奔波协调各项事务，每天的工作时间超过12个小时，宣传册终于印制好了。

可是交付后发现，宣传册的部分内容有错漏。此时时间已经很紧了，企业只好加速重新印制，为此企业损失了将近10000元。

企业规定凡是由于个人原因导致企业损失的，视情况个人要承担损失的30%以上。但是，针对小邱的事件，企业内部产生了很大的争议。

有人主张批评一下小邱，或者象征性地处罚一下就可以了。毕竟这并不是小邱分内的工作，如果不是小邱自己主动请缨，他就不会犯错。如果因为多做事反而受到严厉的处罚，团队还有什么人情味，企业还谈什么人性化管理？以后谁还愿意多做事？

大多数企业都有明确的奖惩制度，但是为什么在许多有明确规定的问题上，相当多的经理都会碰到“执行难”的问题？就如以上这种“好心办错事”的情况，按规定是应当处罚，但大多数管理者都不忍心处罚这种主动做事的好员工。因为做事就有可能出错，不做事就永远不会出错，做事越多的人，出错的可能性就越大。如果处罚多做事的人，那么还有谁敢主动承担额外的工作呢？

根据我的建议，该企业采取的正确处理方式是，小邱由于疏漏造成企业经济上的损失，依照企业制度，小邱应该接受承担损失的30%这一处罚。那如何体现人性化管理呢？即所谓“王法无情，人有情”，执行处罚前，上司可以单独与小邱沟通，陈述这件事处理的利害关系。如有困难，甚至可以在罚金上以个人名义帮小邱一把。同时，小邱的主动工作精神值得肯定，企业给予他晋升一级的奖励，以鼓励小邱主动承担责任的精神。一段时间后，小邱果然不负众望，成长为一个业务精英。

2. 制度化管理与人性化领导，两者缺一不可

对于“制度是‘死’的，而人是‘活’的”这句话，大家并不陌生。它从侧面说明了，人生来就不喜欢被约束、被管制。如果你在工作中只强调制度化管理，没有领导的人性化关怀，必将导致员工对企业制度产生抵触情绪。

制度的特征之一是“教条”。在制度管理之下，难免出现工作气氛沉闷，员工的冲劲与干劲都受到压抑的现象。这时，如果没有领导的人性“润滑”，团队必将士气低下，状态低迷。员工都死气沉沉，企业还谈什么工作效率。

制度的特征之二是“冷酷”。一味的制度化管理会让员工把企业、老板与“冷酷”画上等号，员工觉得跟企业之间只有利益关系。在这种环境下，员工自然就不会对企业产生归属感，而团队的凝聚力更无从谈起。

在“冷酷”的制度下，若领导没有适时给予下属关怀，有可能招致严重的后果。下面所举的这个案例虽然有些极端，但希望它能引起领导者的反思。

2008年年底，广州白云区某化妆品厂，有一名员工纪律性比较差，上班经常迟到。因此他经常遭到厂长的责骂，受到企业的处罚。

有一天，这个员工又迟到了，厂长不知怎的，这一天情绪不太好。除了惯常的责骂和处罚外，还特地在车间的黑板上大大地写上这个员工的名字，以作警告。突然，这名员工冷不丁抄起一把水果刀，朝厂长的后背刺去，刚好刺中厂长的后背心。厂长当即被送往医院，遗憾的是厂长还是没有被抢救回来。

这样的事情让人悲痛不已，但它完全是可避免的。如果这位厂长在处理矛盾时，能多一些耐心，多做一点领导该做的事情：人性化地提前沟通，或者人性化地安抚，下属应该不至于如此鲁莽。这位厂长如果不闹情绪（领导不能轻易情绪化），也不至于激发下属的情绪，下属就不会做出这种失常的行为。

3. 制度化管理与人性化领导的特性

既要制度化管理，也要人性化领导。之所以“是该制度化管理，还是该人性化管理”会困扰很多领导者，是因为混淆了“管理”与“领导”两个不同的概念。如何区别管理与领导呢?

第一，在概念上，管理是企业运用各种资源实现经营目标的过程。资源包括了人与事，即领导产生于管理中。因为有了管理，所以需要领导来协调，因此管理的概念大于领导。

第二，在各自的对象上，管理既要针对人，又要针对事，而领导主要针对人。

第三，在使用的手段上，管理重控制，领导重激励。

企业中各级干部以各自所辖部门领导的身份管理着企业事务。领导者既要制度化管理，也要人性化领导。

第二节　学会授权

1. 事必躬亲，吃力不讨好

袁经理带的部门有十几个人，那天一上班，袁经理就把当天的工作安排得妥妥当当，于是大家分头工作。

可是没过多久，就有位下属上气不接下气地跑了过来，说："经理，不好了，刚才接到品管部的通知，昨天我们做的货检查不合格，要求我们返工呢，怎么办啊？"

袁经理想也没想就说："那还能怎么办，快去拉回来返工啊。"

于是，昨天的一大批货就被拉回来了，十几个工人只好无奈地在那里返工，个个怨声载道。

正在大家抱怨的时候，又有一个下属跑了过来，说："经理，不好了，我们部门在返工的时候，其他部门都在拼命地赶今天的货，把原来分配给我们的物料都抢得七七八八了，怎么办呀？"

袁经理满头是汗，急得不得了，说："那你要跟他们说一下啊。"下属说："我说了好几遍了，他们不听我的呀，怎么办呢？"

袁经理最后无奈地说："那好吧，我亲自去一趟。"

那十几个人还在一边返工，一边抱怨。你们觉得这个袁经理处理突发问题的方法恰当吗？

袁经理管理着十几个员工，为什么就他一个人忙得不可开交呢？因为部门里的每个人一有事都向他请示，他就是有三头六臂也应付不过这些请示啊。这位袁经理就像是个救火队长，哪里有火就往哪里扑。如果各位经理都做救火队长，那么老板就变成消防局长了，企业的管理便无法正常运转了。

2. 适时、适当授权，让下属忙起来

类似袁经理这样的经历，不知你们是否曾遇到过？我们看到袁经理的下属都缺乏独立应对问题的能力。下属之所以被动、消极、无处事能力，都是因为经理太“有为”。所谓“有为”，就是代替下属去作为。具体指的是，由于上司太强势，下属没有发挥的空间和余地，于是下属就变得没有独立思考和应变能力。

造成这种现象的原因有三：第一，人才得不到出头的机会；第二，人才没有施展的空间；第三，人才没有得到应有的重视和尊重。因此，下属要么自甘落后，把重担都甩给上司；要么因为没有用武之地，唯有一走了之。

因此，在工作中，管理者要适时、适当地授权给下属，这不仅能使自己的团队得到有效锻炼，从而成长得更快，也能减轻自身的负担，使自己有更多的时间和精力从全局来把握企业发展。

3. 掌握好授权的艺术

信任是授权的精髓和支柱，在信任中授权对任何领导者来说都是一件非常好的事。信任能让下属自信无比、积极工作。信任还是团队成员之间合作的基础，这种基础是管理成功的保障，它能使关系融洽、思想统一、工作效率提高、管理成本降低。

领导者任用人才时，想要充分发挥人才的能量，就得让人才有职有权。我们都知道，刘邦拜将，其实就是给予韩信职权：职，大将

军；权，全军由他指挥。有职有权的实质就是授权。上级让下级在一定时间内代自己行使某一方面的权力，任何企业领导者的时间、精力都是有限的，只有通过对下属的充分授权，才能带好队伍，管理好团队。

广东顺德伟雄集团的老板林伟雄只有小学文化，他却拥有五大知名品牌、十余家分公司的民营企业集团。公司能够取得这样的成绩，原因之一就是林伟雄敢于授权给下属。

他自己任董事长，妻子任总经理，只抓大的决策，公司的日常工作由副总经理签字决策。授权不仅让下属的积极性得到提高，而且还真正负起了责任来，公司运转得非常高效。一大批博士、硕士、工程师甚至法国专家都纷纷投靠林伟雄，使得伟雄集团以前所未有的速度腾飞起来。

授权不是权力的丧失，而是权力的分配与转移。这种“大权独揽，小权分散”的领导方法，可以使领导者有更多的精力来把握方向、抓住中心，做好全局工作。

那么，在授权时，应该注意哪些问题呢？

（1）明确授权内容

要想做好有效授权，必须明确授权的内容以及相关的制约因素。比如，有哪些任务是可以授权的？下属接到任务后，需要什么样的资源？需要跟哪些人合作？自己能否为员工提供相关的支持和指导？

只有将这些任务内容明确并统筹安排好，员工才能在执行任务时做到有条不紊，得心应手，这次授权也才能称为有效授权。

（2）明确授权期限

要明确授权期限。如果时间太紧，下属无法顺利完成任务，他的积极性就会受到打击；如果时间太宽裕，这次授权便缺乏挑战性，也不利于锻炼下属。

（3）明确授权对象

领导者要以每个员工的专长为思考点，了解每一个员工的差异，为每一个员工安排适当的岗位，并依照每一个员工的优缺点进行合理授权，让团队发挥最大的效能。

所以，领导者在确定授权对象时，未必要选择下属中最优秀的那个，而是要选择最适合、最能让其他同事信服的人。只有这样，授权者才能放心，被授权者也才会觉得被肯定而努力工作，而未被授权者也不会觉得遭受了不公平的待遇。

（4）明确授权沟通

明确授权对象后，领导者便可以向其交代这次授权的事宜了。在沟通过程中，领导者除了要将授权的内容和期限交代清楚以外，还需要注意沟通以下几点。

第一，表达对授权对象的信任。领导者不妨这么说："之所以将这项工作交给你，正是因为我相信你有这个能力，相信你能把这次接待工作做得很好。"

第二，说明任务的重要性。有压力才有动力，领导者向授权对象说明此次任务的重要性和艰巨性，不但能让他事先有个心理准备，也能大大激发他的工作积极性。

第三，让授权对象提问题。领导者在交代清楚任务的基本内容后，可以询问他还有什么疑问或难处，让授权对象提问题。

第四，当授权对象提出疑问或难处时，领导者要第一时间给予解答，在人、财、物力上给予相应的支持，并许诺自己会一直支持他，随时帮他解决任务执行过程中遇到的各类问题。

第五，对授权对象表达感谢。在授权沟通将要结束的时候，领导者不要忘记对授权对象表达一声感谢，以示对下属的尊重。你不妨说一句："这件事情就拜托你了，谢谢你，相信你一定能做好的！"

（5）明确授权考核

在任务的执行过程中，领导者不仅要适时地给予授权对象帮助和支持，还要及时地给予考核评估。

领导者要及时跟进、检查他的工作进展情况，看看原料采购、人员安排、现场布置等方面做得是否到位。如果工作有不当之处，领导者要及时指出来，找出症结所在，第一时间将其改正过来，并鼓励授权对象大胆做下去，不要太拘谨；如果工作做得很好，领导者也要给予表扬，帮助授权对象树立自信心和荣誉感。

如果任务执行得很成功，领导者一定要认可员工的成绩，懂得奖励你的员工，哪怕只是开个会口头表扬一下，必要时给予适当的物质奖励，甚至是职务晋升。这也是有效授权的重要组成部分。

如果领导者在工作中能够明确任务目标，并将其分解、落实好，同时做到有效授权，能够发挥团队的力量，那么，员工一定能够保质保量地按期完成任务。

第三节　善用正负激励，恩威并施

1. 驾驭下属于无形

驾驭，原意是对马、驴等牲口的控制，即前进为"驾"，停止为"吁"。后演变成"驾驭"一词，广泛应用于领导学中。"驾驭下属于无形"是指领导者最大限度地掌握、控制以及支配下属。

第一，驾驭下属于无形，其前提条件是，领导者是一名优秀的“骑手”。

所谓优秀的“骑手”，是指领导者具备功勋卓著和才能超群的领导特征。领导者的这一特征，特别容易让下属产生崇拜心理，甚至把它奉为自己行为的楷模。因此，一个领导者要想得到下属和同事的敬佩，就必须具有高于他们的才能，并在实践中得到充分表现。

赤壁大战中的周瑜，年少得志，但刚被任命为都督时，威信也不高，甚至有令不行。他第一天升帐，老将程普就托病不到。然而后来面对曹操数十万大军的进攻，周瑜部署得当，充分显示了他卓越的才华。程普感叹地说：“真将才也，我如何不服！”

可见，只有在自己的工作实践中，充分显才露智，创造出令人瞩目的实绩，才能逐步征服人心，树立起自己的威信。如果没有真才实学，没有显著的成绩，任你如何吹嘘，下属终将是将信将疑，甚至还会产生反感。

所以，优秀的领导者都十分重视自己的言行，通过自己的实际行动，塑造好在下属心目中的形象，树立起在下属心目中的威信。

第二，驾驭下属于无形，它不是静态，而是在与下属的互动中发展变化的。

有一句话叫“啐啄同时”。意思是蛋壳中的幼鸟为了击破蛋壳而出世，由内不断啄壳谓之“啐”。同一时间，母鸟则由外以嘴击壳谓之“啄”。母鸟之所以由外击壳，是希望孵化出的幼鸟能更顺利地破壳而出。如果双方配合不当，就会断送小鸟的性命。

同理，领导者驾驭下属于无形，就是一个与下属“啐啄同时”的互动过程。下属需要领导，领导同样离不开下属。下属如果不行，则领导再怎么能干也成不了事，反之，优秀的下属如果遇到无能的领导，同样做不出什么好成绩来。也就是说，领导和下属都必须是个“才”。而下属是否是个“才”，取决于领导的三件工作：一是前期选拔中要慧眼识英才；二是工作中要不断辅导教练；三是领导有方。

第三，驾驭下属于无形，具有极高的艺术性。

驾驭下属于无形，是一门极高的艺术。它是一个很复杂的过程，它的特点主要有：第一，原则性与灵活性的统一，灵活性色彩更重。驾驭下属具有高度的灵活性。领导者处理问题要遵循一定的原则，但不要将这些原则当作死板的教条，而是一切以时间、地点、条件、对象为转移，凭借广博的知识、丰富的经验灵活地运用原则。第二，规范性与创造性的统一，创造性色彩更重。因此，它没有固定不变的模式。

2. 一个古老的策略：恩威并施

三国时期，诸葛亮领兵声讨南中，马谡对诸葛亮说，南中一带的军民倚仗地势险阻，一直不服蜀汉统治，我们现在攻破南中易如反掌，但是在我们离开之后，他们还是会叛变，所以，我们不如攻心为上，以心战治之。

诸葛亮采纳了马谡的建议，当年5月渡泸水，擒拿了孟获，为了彻底征服孟获的心，诸葛亮故意把自己排兵布阵的方略摆给孟获看，孟获不以为然，说初次与诸葛亮打交道，不明虚实，只要像这样的阵势，我肯定能取胜，于是诸葛亮放了孟获。孟获不久又领兵来战，又战败而归，被诸葛亮俘住，就这样擒了放，放了擒，连续七次。

直到第七次再放孟获时，他却不肯离去，说诸葛亮是天威，南中不再反了，孟获的心被攻下了。然后，诸葛亮把南中各地的首领召集起来，宣布南中各地继续为他们管辖，蜀军不设官，不留兵，并将随军的衣物、粮草捐献给了当地官兵，以补偿连年战争给百姓造成的损失，得到了南中军民的拥护。从此，夷汉相安无事。

诸葛亮七擒孟获的故事，就是运用恩威并施策略的典范。所谓恩威并施，就是恩惠和威严同时使用。用于现代管理上，恩威并施强调的是：在实施控制时，既要施之以恩、感化影响、说服指导，赢得下属的信赖；又要施之以威、施之以权、查验所为、奖优罚劣，使下属产生敬畏。

第四节　实现跨部门无障碍沟通

1. 跨部门沟通要换位思考

现在很多企业的各部门之间在工作过程中经常发生争吵与冲突。作为同一家企业中的部门，它们需要进行必要的沟通来了解双方的问题和情况。关键是一个“原则性”和“灵活性”的度的问题。掌握好这个度，就不会不可调和了。因此，有效的跨部门沟通可以营造一个良好的工作氛围，提高工作效率，更有助于企业建立优秀的团队。

2. 医治人性中自私的劣根

首先，我们应该勇敢地面对人性中的某些劣根，然后，我们再一一根治。

以自我为中心，这是人性自私的体现。有许多员工或部门在工作过程中以自我为中心，认为自己的利益最重要。

当这种现象出现时，作为领导应该做到以下几点。

首先，应当教育员工以集体的利益为中心。在实现集体利益的前提下，可以适当追求个人或部门的利益，以达到集体与个人、企业与部门双赢的状态。

其次，领导者应当以身作则，有责任心。在面对个人利益得失的时候，应当勇于承担起整个企业的责任与使命，为员工树立一个良好的榜样。

最后，领导者还要真诚热情地对待员工。从员工及部门的角度思考问题，适当地满足他们的要求，帮助他们实现部分目标。尽最大能力地增加每个员工的福利，以激励员工更加努力地工作。

3. 改善部门沟通，从自己做起

改善部门沟通，从自己做起。自我做起“十字诀”：审己，观他；想结果，权利弊。

审己：就是审视自己。我是以何种心态面对对方？必须是善心。

观他：如果我是对方，会如何期待？站在对方的立场换位思考。当你做到了这点，你会发现这个世上没有人不可以理解，没有人不可以沟通。对方做出某个行为，一定有他的理由。换位思考一下，你自然会心平气和下来。这就是同理心。

想结果：必须抛弃以自我为中心的观念，而是以结果为中心，或者说以结果为导向。

为什么部门之间经常出现沟通不当的现象？原因就是各部门都站在自己部门的立场和角度，都在以自我为中心，反倒把真正要的结果抛诸脑后了。所以，在跨部门沟通时，必须以结果为导向，思路倒推，指导各自沟通的切入点。

权利弊：这个结果将带来怎样的利与弊？如何使利大于弊？这需要考虑三个层面，首先是集体的利益大于双方任何一方的利益，因此首先是顾全大局。其次考虑是否能够双赢，任何一方单赢都不可取。最后如果无法双赢，我建议：先让对方赢。一个不懂得吃亏的领导者，将一辈子吃亏！一个善于吃亏的领导者，最后你会发现，赢的总是他！

第三章　别让管理倦怠影响你

【杨老师管理关键词】

倦怠症、缓解倦怠、解决之道

所谓管理倦怠症，它是一种由管理工作引发的心理枯竭现象，是领导者在工作的重压之下所体验到的身心疲惫、能量被耗尽的感觉，这和肉体的疲倦劳累是不一样的，而是缘自心理的疲惫。

第一节　警惕职场流行病——管理倦怠症

1. 领导者的烦恼

星期三清晨，生产部张经理迷迷糊糊地从睡梦中醒来。已经到了起床时间，可是他赖着就是不愿起床。昨晚整整一个晚上睡得不踏实，身体疲惫得要命，可是内心却充满了焦虑，于是就失眠。想来想去都是管理压力大造成的。这种状况已经持续好几天了。

躺在床上，一想到今天的工作，张经理更是情绪低落、魂不守舍……

他不知道自己是怎么到达公司的，也不知道自己是怎么走进办公室的。张经理刚一进门，看到自己部门那几个新来的同事已经提前到了，正在有说有笑地聊着昨天的趣事，张经理心头立刻升起一股无名的厌恶，心里想着：亏你们笑得出来，刚毕业到企业还没到3个月，什么都不会，样样都要我教，一堆的问题还得我亲自来解决……

张经理刚一坐下，眼睛刚一对上电脑，脑袋就发蒙，眼前立刻浮现出一大堆让人烦躁不安的问题：

今天的机器维修好了没有，会不会又像昨天那样突然出现故障？

这几个新人虽然啥都不懂，态度倒好。最可恶的是车间那几个“老革命”，经常相互推托，平时打小报告跑得比谁都要快，可是一出现问题，就不见了踪影。

最近企业接回来的订单品种多、批量小，计划变化无常，导致产量忽高忽低极不稳定。

最讨厌的还是那些老员工，生产现场一堆的问题，个个却都习以为常。唉，真拿他们没办法！

要是辞职吧，可是一想到要重新去面对一个完全陌生的环境，心里就感到更加的茫然。要是真这么走了，在企业这五六年的打拼不全白费了？去到新企业，谁能保证我就能坐回现在的位置？唉，烦死人了！

……

这时候，老板一推办公室的门就进来了，劈头就问：“昨天的货怎么出现那么多问题？”

张经理还没完全反应过来呢，当即回道：“企业接回来的订单品种多、批量小，机器还时不时就出故障，客户的要求又那么尖酸刻薄，我们生产部有什么办法?”

话音刚落，张经理就意识到他竟然顶撞了老板！以前从来没有过这种事！可是老板一声没吭地走了。张经理心想：这次冒犯了老板，会不会被开除？该怎么去认错？

上述事例中的张经理就是患上了职场流行病——管理倦怠症。

2. 管理倦怠症

所谓管理倦怠症，它是一种由管理工作引发的心理枯竭现象，是领导者在工作的重压之下所体验到的身心疲惫、能量被耗尽的感觉，这和肉体的疲倦劳累是不一样的，而是缘自心理的疲惫。

管理倦怠症有别于职业倦怠症，前者患者为领导者，后者患者为上班族。一般来说管理倦怠症患者已经经历过了职业倦怠症，它是由于管理工作的压力而引起的。据调查，领导者从事管理岗位半年起，有的人就开始厌倦领导者工作。

管理倦怠症的表象特征表现为对工作总提不起兴趣，对于目前的状态充满厌倦情绪，曾经工作效率极高，现在工作绩效明显降低，越来越力不从心。

具体来说，管理倦怠最常表现出来的症状有三种：

第一种是情感衰竭，指没有活力，没有工作热情，感到自己的精神处于极度疲劳的状态。

第二种是去人格化，指刻意在自身和工作对象（包括下属）间保持距离，对工作对象和环境采取冷漠、忽视的态度，对工作敷衍了事，个人发展停滞，行为怪僻，提出调度申请等。

第三种是无力感或低个人成就感，指倾向于消极地评价自己，并伴有工作能力体验和成就体验的下降，认为工作不但不能发挥自身才能，而且是枯燥无味的烦琐事物。

管理倦怠的产生原因大概有三点：

第一，自我期望过高，凡事追求完美主义者容易受到管理倦怠症的折磨。完美主义者的性格是一种“工作狂”的性格特点，容易紧张、情绪急躁、进取心强，在外界看来好像冲劲十足，就像是永不断电的长效电池，实际上身心状况超支付出，而易导致身心的倦怠。

第二，由管理工作本身导致的压力。工作负担过重、上司施压、下属难管、缺乏工作自主、薪资待遇不合期望、职场的人际关系疏离、强烈认为组织待遇不公或是和企业的理念不和。

第三，外部压力所致。比如企业变革、人事调整、市场变化、竞争加剧等。

很多领导者对于管理倦怠症往往视而不见，以为像感冒一样能不药而愈。事实上，不找出真正原因，往往会让自己越来越不快乐，严重的话也许会造成忧郁症。

你有管理倦怠症了吗？按照国际公认的定义，衡量管理倦怠的三项指标分别为：情绪衰竭、冷漠多疑、成就感降低。也就是说，判断一个领导者是不是有管理倦怠症，第一是看他的情绪是不是衰竭了，也就是看他有没有活力，有没有工作热情。第二是看他是不是冷漠多疑。第三是看他的成就感是不是降低。

国内专家专门设计了一套管理倦怠症测试表，能帮助人们了解自己的倦怠状况。测试的方法很简单，只需做 12 道测试题。如果有兴趣，不妨做个测试。

在进行测试时，请不要犹豫，看懂题意后马上做答，然后计分。

第 1 题：你是否在工作餐时感觉没食欲，嘴巴发苦，对美食也失去兴趣？

A. 经常　　B. 有时候　　C. 从来不

第 2 题：你是否感觉工作负担过重，常常感觉难以承受，或有感觉喘不过气来？

A. 经常　　B. 有时候　　C. 从来不

第 3 题：你是否感觉缺乏工作自主性，往往只是上司让做什么才做什么？

A. 经常　　B. 有时候　　C. 从来不

第 4 题：你是否认为自己在公司所获的待遇微薄，付出没有得到应有的回报？

A. 经常　　B. 有时候　　C. 从来不

第 5 题：你是否经常在工作时感到困倦疲乏，想睡觉，做什么事儿都无精打采？

A. 经常　　B. 有时候　　C. 从来不

第 6 题：你有没有觉得组织待遇不公，常常有受委屈的感觉？

A. 经常　　B. 有时候　　C. 从来不

第 7 题：你是否在以前一直很上进，而现在却一心梦想着去休假？

A. 经常　　B. 有时候　　C. 从来不

第 8 题：你是否会觉得工作上常常发生与上级不和的情况？

A. 经常　　B. 有时候　　C. 从来不

第 9 题：你是否觉得自己和同事相处不好，有各种各样的隔阂存在？

A. 经常　　B. 有时候　　C. 从来不

第 10 题：你是否在工作上碰到一些麻烦事时会急躁、易怒，甚至情绪失控？

A. 经常　　B. 有时候　　C. 从来不

第 11 题：你是否对别人的指责无能为力、无动于衷或者消极抵抗？

A. 经常　　B. 有时候　　C. 从来不

第 12 题：你是否觉得自己的工作不断重复而且单调乏味？

A. 经常　　B. 有时候　　C. 从来不

做完题后，把各题得分相加，选 A 得 5 分，选 B 得 3 分，选 C 得 1 分。根据得分情况，对照查看测试结果：

12 ~ 20 分，你没有患上管理倦怠症，你的工作状态不错。

21 ~ 40 分，你已经开始出现了管理倦怠症的前期症状，要警惕，并应尽快加以调节。

41 ~ 60 分，你对现在的工作几乎已经失去兴趣和信心，工作状态很不佳，长此以往对个人的身心健康和工作都非常不利，应当引起重视，可以请求心理咨询师给予咨询和帮助。

第二节　如何有效缓解管理倦怠症

1. 管理倦怠症产生的原因

管理倦怠症的产生主要有两方面原因。第一是自己造成的内因。在忙碌烦琐的生活与工作中，人们逐渐失去了勤于思考的能力和勇于探索的精神，使自己逐渐流于平庸，不由得心感疲惫。

第二是外部环境所造成的外因。在生活实践中，人们常常会受到外部环境和客观条件的限制而无法完成预期的目标。在不断的打击和受挫过程中，人们的生活和工作压力逐渐增大，使之逐渐陷入倦怠的情绪中。

2. 管理倦怠症的解决之道

认识自我就是要认清自我价值，掌握自己的优势与不足，预测自己倦怠的状态，了解自己的主观情绪是否影响了自己的生理和心理变化，有无做好应对的积极准备。有了积极的自我认识，才能正视外部压力的客观存在；才能勇于面对各种现象、准确地对待周围环境中的一切人和事，有针对性地对自己进行心理控制并尽量与周围环境保持积极的平衡，成为自身行动的主人，从而避免因遭受压力给自己带来生理和心理上的损伤；才能对可预见的刺激，进行自我调整，主动设置缓冲区，提高自己的心理应付水平。因此，只有从自我的阴影中摆脱出来，正确地认识自己及周围环境，才能把变化视为正常的事，不断接受变化的刺激，积极、愉快、主动地迎接生活的挑战，走出倦怠。

通常，积极的应对方式可以使自己有效地面对心理变化、重新恢复生理与心理的平衡水平状态；消极的应对则往往会使人继续停留在充满压力的状态，继续消耗自身潜在的能量，产生倦怠，甚至导致心理疾病。因此，我们要寻求积极的应对方式。

首先，在工作过程中，要学会欣赏自己，善待自己。遇到挫折时要善于多元思考，“塞翁失马，焉知非福”，适当的自我安慰是有益的。千万要避免过激地否定自己，自我摧毁自信心的后果是很可怕的，要学会充分运用心理暗示的正激励。

暗示指的是在无对抗态度的条件下，用含蓄间接的方法对人的心理和行为施加影响，这种心理影响表现为使人按一定的方式行动，或接受一定的意见、信念。暗示对人的心理和行为有着很大的影响。积极的暗示可帮助被暗示者稳定情绪、树立信心及战胜困难和挫折的勇气。当我们不知所措时，绝不要抱怨、退缩、自怨自艾，否则就很容易陷入倦怠。

我们可以使用以下心理暗示语来帮助自己走出倦怠。

“一次一件事，我一定能做完所有的事。”

“与其痛苦地做，不如快乐地做。”

“苦乐全在主观的心，不在客观的事。”

“积极的生活态度比生活本身更重要。”

当我们面对孤独、寂寞、缺乏成就感的工作环境时，要学会奖励自己、为自己喝彩，哪怕是一丁点儿的进步，都不要忘记对自己说一声：“哦，我做得真不错，明天继续努力哦!”经常这样的自我暗示会使我们变得信心十足，自信有能力控制各种状况。无论在顺境还是在逆境中，都能始终保持乐观向上的心态，不断在苦难中寻找新的乐趣，成为一个热爱生活、善待生命、对生活充满激情的人。

面对压力时，要正面应对，积极放松。当你感到压力过重时，不妨做做运动，听听音乐，陪家人逛逛街，和朋友聊聊天等，都可有效舒缓压力。

工作之余，不妨培养（有时候是恢复）自己的兴趣爱好。一方面可增加生活情趣，让你感受到生活的乐趣；另一方面也增加了成就感的来源，使你的关注点、兴奋点不再只是工作。

当你开始对工作产生倦怠时，应重新审视自己，尽量摒弃那些不切实际的想法。如果你确信不是内在的原因造成的，而是单位领导的管理理念和你的有矛盾，或者是同事有意伤害你，无论你怎么调适自己都无法感到顺心，此时的你可以换一个工作环境。

职业倦怠在很多情况下是一种“本领恐慌”，因此，要从根本上防治管理倦怠症，必须不断地为自己充电学习，快速提升自己适应社会环境的能力。

附：减压格言

- 对困难做出的反应，不是逃避或绕开它们，而是面对它们，同它们打交道，以一种进取和明智的方式同它们斗争。
- 不能爱哪行才干哪行，要干哪行爱哪行。
- 如果你不喜欢现在的工作，要么辞职不干，要么就闭嘴不言。
- 外在压力增加时，就应增强内在的动力。
- 环境不会改变，解决之道在于改变自己。

第二部分

组织建设：对企业组织实现精细化管理

建设模块的意义在于对企业组织实现精细化管理，对促成组织的各个关键点高效运作具有重要意义。通过对模块进行优化或重组，使组织的每一个模块衔接更加紧密，运营流程更加合理，最终实现打造卓越高效组织的目的。

第四章 运营流程设计

【杨老师管理关键词】

执行力、流程、要点

任正非曾说过："一个新员工，看懂模板，会按模板来做，就已经标准化、职业化了。你三个月就掌握的东西，是前人摸索几十年才摸索出来的东西，你不必再去摸索。"其实，这就是按流程执行的威力所在。它不但可以让一个人迅速熟悉其工作内容，还可以让一个人的工作业绩得到大幅提升。

第一节 执行不按流程走，等于没有执行力

1. 你的业绩没有你想象的优秀

曾经有一位企业的部门领导向我抱怨说，他所带领的团队每天都忙得几乎没有休息日，但即便如此，老板对他们部门的工作业绩还是非常不满意。结果就出现了部门人员抱怨工作繁重，而在老板眼里，他们却没做出多少业绩的矛盾现象。

我建议这位部门领导把部门人员的工作结果量化，看看人均完成任务有多少。这位部门领导计算后大吃一惊，因为他发现，他们部门的总任务完成量虽然很多，但如果平均到个人，人均完成任务量就没有想象中的那么多，甚至可以说少得可怜。该部门领导由此明白，他所带领的团队，实际上效率低下，确实没有想象中的那么优秀。

仅仅一个效率的考核就推翻了这位部门领导对自己的高评价。如果再考虑工作质量、工作成本甚至客户满意度等因素，估计他就会反思自己这个部门领导是不是称职了。

管理中有一个原则："如果你不能描述，你就无法衡量；如果你不能衡量，你就无法管理。"这句话同样适用于每一个人。如果我们只是用定性的方式而不是定量的方式去看待自己的工作，就无法正确地评估自己的业绩。因为没有定量就没有比较，没有比较就没有好坏高低之分。当然，因为没有定量分析，我们也无法发现自己工作中的哪些方面需要改进，从而也就无法进一步地提高自己的工作业绩。

如果你还在抱怨干得多赚得少，表现不错却得不到重用，不妨用定量的方式重新审视一下自己的工作。也许你会发现，你真的没有想象中的那么优秀，你还有很大的提升空间。

2. 按流程执行的威力

任正非曾说过："一个新员工，看懂模板，会按模板来做，就已经标准化、职业化了。你三个月就掌握的东西，是前人摸索几十年才摸索出来的东西，你不必再去摸索。"其实，这就是按流程执行的威力所在。它不但可以让一个人迅速熟悉其工作内容，还可以让一个人的工作业绩得到大幅提升。

有一位老板讲述了他如何通过流程化让一位从山区来的保姆迅速成长的故事。

首先他将保姆从早上六点半到晚上十点每个时间段的主要工作、程序、要求、目标、注意事项、易出现的差错等内容做成表格、流程张贴在醒目位置，然后他又对一块玻璃需擦多少次，先擦哪里后擦哪里，需要多少水量，抹布洗几次，以及接听电话的第一句话和最后一句话该怎么说都做了明确规定。对以上这些内容都清晰量化之后，他要求保姆每天熟读两遍，每个月默写一次，作为保姆必修的课程与考核内容进行强化。

经过半年多的重复练习和强制性训练，小保姆把按以上流程执行变成了自然而然的习惯。

按流程执行可以让我们在工作中减少变异、降低浪费。而减少变异、降低浪费恰恰是六西格玛管理和精益管理的两个核心理念，这两个管理理念有一个共同的目标，那就是第一次就把事情做对，追求工作或产品的零缺陷。这就意味着按流程执行不仅可以提高我们的工作效率，保证我们的工作质量，还能降低各种不必要的浪费。

我在本节开头提到的那位部门领导，其解决部门效率低下，减少时间浪费的方法就是按流程执行。他发现部门人均效率低下，工作结果总是出错需要来回修改，既不是因为大家工作不努力，也不是因为大家态度不认真，而是因为大家没能按流程执行，导致了各种“变异”的出现。

按照该企业流程，每个项目的每个工序必须完成到相应的标准才能向下一个工序移交，但其他部门的同事经常无视这一规定，在自己的工作还没有按要求完成的情况下，就将项目移交到了其他部门。结果，因为上一道工序的很多工作没有做到位，相关责任人发现问题后就不得不跑到其他部门进行现场修改。如此来回修改，直接影响了其他部门人员的正常工作，导致工作效率低下，把大量时间都浪费到了反复修改上面。

发现问题后，这位部门领导决定凡是上道工序没有完成到位的项目，在移交过来时一概拒绝。如此过了一个月，他发现部门人员因为无须再把时间浪费在反复修改上面，工作效率竟然翻了一倍。而上道工序的同事们，虽然一开始颇有怨言，但在习惯了之后，竟然发现自身的工作效率也有了很大的提升，于是不再抱怨。

按流程执行不但是效率的保证，也是工作质量的保证。因为企业的流程决定了我们做事的程序和步骤，也厘清了每个人的岗位职责和执行要达到的标准。可以说，按流程执行就是提高执行力的具体方法，当所有人都按照流程执行工作的时候，他的执行力也就得到了基本保证，他的工作业绩也能得到相应的提升。

或许有人会问，我们企业没有工作流程，该怎么办?

答案很简单，就像麦肯锡的一位咨询顾问曾说过的：你所要做的事，以前已经有人做过了，把这个人找出来。如果我们能把他的成功经验流程化，然后按照流程执行，就一定可以提高绩效。

关键不在于企业有没有流程，而在于你有没有意识到按流程执行的好处。那些看到按流程执行的好处的人，即便企业没有流程，也会想办法把自认为高效的工作方法流程化、标准化，并严格地执行它。而那些看不到的人，即便企业有完善的工作流程，他们也会不屑一顾，甚至会跳过流程，随意变通。

3. 标准化是持续进步的基础

人们不喜欢流程化、标准化工作的主要原因是他们认为这么做只是方便了企业的管理与监控，对自己的工作业绩却无帮助，甚至会大大降低自己的工作效率。

实际上，这是一种严重的认识误区。在这里我要郑重提醒一句：把工作流程化、标准化，最大的获益者并不是企业，而是个人。因为只有把工作流程化、标准化了，我们的工作表现才不会忽好忽坏，我们所追求的持续进步，也才能有坚实的基础。

> 亨利·福特说过这样一段话：今天的标准化是明天改进的必要基础。如果你认为标准化是今天你所知道的最好的事情，但是明天就需要改进，那么你一定会取得进步。但是如果你认为标准是一种限制，那么进步就会停止。

显然，一个人要想不断提升自己的工作业绩，就要让过去每次的成功或失败都“有迹可寻”。既要知道是哪些因素促成了成功，也要知道是哪些因素导致了失败。比如，如果你想提高效率，你就要知道过去做同样的工作耗费了多少时间；如果你想提高自己的工作质量，就要知道过去已经达到了什么程度以及哪些地方可能存在不足；如果你想降低成本，就要找到过去可能造成浪费的环节……

所有这些涉及提升自己工作业绩的目标都需要你将过去的工作流程化、标准化。不如此，就失去了一个比较参照的标准，那么所谓的提升，也就只能是一句空谈。

第二节　尊重流程才能有效执行

1. 过程要是“差不多”，结果就会“差很多”

有些人总觉得自己在执行工作时稍稍不到位并无大碍，殊不知，许多企业的战略在落实时走形变样，许多人的工作总是达不到预期效果，都是因为每个人在执行自己的工作时都不到位的原因。一个由成千上万甚至数以百万计的个人行动所构成的企业（想想看，每个人每天要执行多少不同的行动），是经不起其中1%或2%的行动偏离正轨的。尤其是当具体的工作行为和原定的标准要求南辕北辙的话，后果如何更是可想而知。

我们之所以认为自己在工作时稍微偏离标准要求并无大碍，通常是因为我们只看到了自己所负责的那一部分工作内容。但是，如果站在全局的角度来看，每个人在工作中都偏离工作要求，结果会如何？想想一支几万人的军队在战场上不听号令，每个人都各自为战会出现什么现象，你就能猜到当企业的每个员工都执行不到位时，企业会出现什么情况。

当然，有些人并不愿意站在企业的角度去看待这个问题。在他们看来，企业战略能不能实现，企业业绩会不会受到影响，都与己无关。自己就是一个打工者，只要把工作做得差不多就行了。而且，如果一份任务完成质量要求的80%就能通过，为什么还要把它提高到100%？

有这样的想法并不奇怪。事实上，很多道理大家都懂，只是不愿意去实践。而不愿意实践的原因又往往是因为它不能给自己带来利益和好处。

就以规范化执行才能保证工作质量来说，这个道理大家都明白，但为什么做不到？其实，不是做不到，是不愿意做而已。在有些人看来，严格按流程执行、按标准化操作，除了增加自己的工作量之外，不会给自己带来任何好处——这就是为什么许多企业有规范化的工作流程和标准化的操作指南，员工就是执行不到位的原因。

但许多人都遗漏了一点：保证工作质量虽然是我们的责任，不会给我们带来直接的利益，但却是我们在职场中脱颖而出，获得晋升的关键。

如果你能搞明白晋升的本质，就能明白这里面的奥妙。

一个普通的员工如何才能获得晋升？

主要是靠个人的业绩决定的。

但业绩的评价标准又是什么？是“比较”。哪怕你的工作业绩可以评到 98 分，只要还有人的业绩达到了 99 分，你就不是最优秀的；反之，哪怕你的工作业绩只做到了 60 分，但只要其他人的工作业绩都低于 60 分，你仍然是最好的。

工作业绩是做出来的，但也是比较出来的。这就是职场晋升的秘密。

在国内的大多数企业里面，要想获得这种比较优势相对容易。只要在执行的时候不打折扣，严格按照企业规定的去做，你基本上就能脱颖而出——这并不是说执行到位有多难，而实在是执行不到位的人太多，所以稍微一用心，就能超越他们。

现在你应该明白，“过程要是‘差不多’，结果就会‘差很多’”实际上包含了两层意思：一个是在工作业绩上会差很多，另一个则是在职场发展上会差很多。

2. 态度要严谨，执行要规范

是否愿意按流程执行，能否执行到位，最大障碍不是专业技能与能力，而是心态。心态决定了我们执行流程的态度。一个把自己看得过于重要的人，会不尊重流程，从而不按流程执行。这类似于特权心理：有些人做普通职员的时候，低眉顺目，按部就班，绝不逾规矩一步，但一旦当上了领导，就趾高气扬，觉得自己可以凌驾于企业的规章制度之上，这就是特权心理。

还有一些人，虽然没有特权心理，但却恃才傲物，总认为自己的那一套工作方式才是最有效的，所以也常常对企业的流程不屑一顾。

无论是谁，只要有了这两种心态中的一种，就会偏离执行的正确理念，当然，离企业的要求也会越来越远。

对待流程的正确心态应该是尊重。唯有尊重流程，才愿意去执行。一个对流程不尊重、不信任的人，即便是最简单的工作，他也很难百分之百地按流程执行。

日本人做事喜欢按规章制度来，就是因为他们对“秩序”有一种发自内心的尊重。

日本人邮寄东西有重量限制，超过 5 公斤要另外收费。一次，有人寄一封夹两张信纸的信。按照中国人的做法，两张信纸想都不用想，肯定不会超过 5 公斤，所以根本用不着再去称重量。但日本邮局的工作人员不这么想，他不管你要邮寄的东西有几公斤，拿过来走的第一个程序就是过秤。秤显示出来的重量不超标，他才会做第二道程序。

这就是态度要严谨，执行要规范的最佳体现。

3. 只要有流程可依，就没有特殊情况

一个企业的战斗力就是在这种严谨的执行态度中形成的。如果不这么做，企业规模越大，就越容易陷入管理混乱之中。

丰田在进行Prius混合动力车这一型号的汽车开发时，企业总裁奥田硕（Hiroshi Okuda）给出了一个极具挑战性的时间要求。尽管事实上该车型有一个全新的传动系统，但是时限却一再被缩短。这给设计开发团队带来了极大的压力。对于当时负责该项目的丰田执行副总裁、全球总工程师内山田武（Takeshi Uchiyamada）来说，最简单的解决办法就是走捷径跳过流程。但是内山田武是一个对待工作非常认真严谨的人，为了保证项目质量，他拒绝跳过流程，坚持执行已经建立的丰田开发流程，广泛考虑可选方案，逐渐缩小方案范围，直到最后选定了高性能发动机、车身造型和传动系统。

这个故事足以让那些抱怨任务重、时间紧，或者因为其他原因不得不跳过流程的人自惭形秽。同时，它也让我们看到了执行的最高境界：只要有流程可依，就没有特殊情况。

这看起来是一种很极端的观点。但是，一个企业的战斗力，就是在这种极端的执行态度中形成的。如果不这么做，企业规模越大，就越容易陷入管理混乱之中。

第三节　决定流程执行力的四种素质

1. 让自己变得职业化

管理的流程化、标准化将成为未来企业的必然选择，因为这是企业

减少浪费、提高效率的保证。而要想保证流程化、标准化的顺利实施，员工就必须具备职业化素质。

> 经济学家吴敬琏在“中欧国际工商学院 EMBA 2012 级春季班开学典礼主题演讲”中提到了这样一个事实：挣快钱、挣大钱的日子要过去了，中国企业原来所依赖的各种竞争优势正在逐渐消失，要想在新的市场环境下继续发展，就需要靠原始型的创新。也就是说，要抛弃以前那种市场换技术的拿来主义做法，进行基础研发。
>
> 企业越来越难做是毋庸置疑的事实。只不过，有的人认为这是经济危机的影响。危机过后，好日子还会回来。
>
> 这显然是一厢情愿的想法。经济危机固然是企业经营困难的原因之一，但更主要的原因则是企业原来所依赖的各种竞争优势正在逐渐消失。所以，未来的企业，要想在市场中立足，原始型创新及提高效率是必然的选择。
>
> 简而言之，未来的中国企业必须改变以前那种靠成本优势粗犷型发展的模式，在提高技术竞争力的同时向精益化组织发展。这是基于国内各种资源衰竭、劳动力成本不断上升情况下的自然选择。精益化管理起源于日本，正是与日本的国土太小、资源紧张、劳动力成本过高有关。

这就意味着管理的流程化、标准化将成为未来企业的必然选择，因为这是企业减少浪费、提高效率的保证。而要想保证流程化、标准化的顺利实施，员工就必须具备职业化素质。

换句话说，企业要想降低浪费、提高效率，需要员工的职业化素质做保证。员工不够职业化，企业在同样的技术、同样的员工数量前提下，无法与国外企业进行竞争。

毫无疑问，向精益化管理转型是国内企业未来发展的大趋势。因此，要想跟上企业发展的步伐，我们每个人都要提高自身的职业化素质——做不到这一点的人，将会被时代抛弃。

所谓职业化就是一种工作状态的标准化、规范化和制度化。也就是把上级交代下来的任务，专业地完成到最佳，准确扮演好自己的工作角色。

职业化的内涵比较丰富，如果往详细了说，可以洋洋洒洒写成一本书。但往简单了说，用一句话就能概括：做一天和尚撞好一天钟。

和尚撞钟的故事大家都知道。撞钟容易，但能否每天、每次都把钟撞好却不容易。这中间的差距就是职业化的差距。

在日本的新干线列车上，每当有乘客走进车厢，服务员都会向他鞠躬，并用非常柔和的声音说着“欢迎乘坐新干线”。然后，服务员会推着售卖食品的小车慢慢走过来，一路不停地打招呼，轻声细语、面带微笑，让人觉得如沐春风。在离开车厢的时候，服务员也会再次回头鞠躬，口称“给大家添麻烦了，请大家好好享受旅途”。

日本人的职业化表现，由此可见一斑。更让人惊讶的是，即使是在空无一人的车厢里面，这些服务员也会朝着空荡荡的车厢鞠躬，面容上毫无懈怠之意。这种精神，这种态度，这种一丝不苟的工作表现，如果没有职业化的操守，无论如何是做不到的。

日本人的这种执行力并非个别现象。如果你有心观察就会发现，在日本新干线上所有的列车服务员说的话都是一模一样的，甚至于她们戴帽子的角度、胸前的胸花和小丝巾的位置，都完全相同，绝对符合企业的规定和要求。

很多人不理解，认为对着空车厢鞠躬，完全没有这个必要。可就是这个行为，恰恰反映出了一个人是否具备职业化素质。在日本人看来，既然企业是这么规定的，就要不打折扣地去执行它。这是工作，也是职责。

这实际上就是职业化的最佳表现——任何时候都保证工作状态的标准化、规范化和制度化。

要想成为职业化员工，首先要具有职业化心态。职业化心态最大的特点是碰到任何问题不是去抱怨或推卸责任，而是始终如一地站在企业的角度主动积极地去解决问题。

职业化心态对流程执行力起着重大的作用。因为有着职业化心态的人必定有着良好的职业操守，也必定能够主动而非被动地去执行工作。更重要的是他把遵守企业的规章制度视作必然，把为企业创造效益视作自己的职责。

除了职业化心态，我们还必须具备职业化技能，也就是要具备岗位工作所要求的工作能力。职业化技能不仅仅指专业知识，也包括时间管理、沟通技巧等能力，是一个人综合素质的体现。

有了职业化心态和职业化技能还不够，我们还必须具备职业化操守。职业化操守包含两个内容：一是事事按流程执行，二是事事站在企业的角度考虑问题。判断一个员工是否具备职业化操守，最简单的方式就是看他的日常言行。如果他在跟企业外面的人谈事时，只从个人的身份出发，而考虑不到自己的一言一行都代表着企业形象，那么这个员工就不具备职业化操守；反之，如果一个员工在和别人谈起自己的企业时，总是非常谨慎，处处维护企业的形象，那么这个员工一定有着强烈的职业化操守。

职业化员工之所以容易成功是因为无论企业环境如何，他们总能持一种积极的心态去融入企业，而不是每日抱怨这个不合理，那个不公平。

对任何一个员工来说，在一家企业工作，不管你是否真的喜欢这家企业，除非你选择离开它，否则就要接受它。接受它的价值观，接受它的规章制度。从某种意义上说，接受企业其实就是接受自己。在一个自己不满意的环境中工作，肯定不会获得成功。所以，只有以积极的心态融入企业，个人的价值才能体现得更好，个人也才能发展得更好。

2. 强化自己的岗位精神

一个连自己的职责都不清楚的员工，必定无法做好工作。同样，一个不能时刻牢记自己职责的员工，也无法把工作做好。要想牢记自己的工作职责，就需要具备岗位意识。

所谓岗位意识，就是明确自己在工作中的职责和角色，知道哪些是必须要做的，哪些是不能做的。简单地说，岗位意识就是你要知道“我是干什么工作的”。

任何一个岗位都包含了责任、权力和义务这三个要素。有多大权力就要承担多大责任，有多大的权力和责任就要尽多大的义务，这三者是一个整体，无法分开。如果不明确自己的岗位职责，就无法给自己定位，不知道该干什么，更不知道该怎么干，干到什么程度。

例如很多企业的营销人员，他们并不真正理解自己的岗位职责，明明干的是营销，却把自己当成了推销员。而根据营销大师科特勒的观点，营销的目的就是为了停止推销。可见，营销人员去做推销，就是对岗位职责的不明确，对工作内容的认识不到位。

要想成为优秀员工，仅仅知道该干什么还不够，只有当我们把所做的工作看成“这是我的工作”的时候，才真正具备了岗位精神。岗位精神高于岗位意识。它意味着即使你不喜欢自己的工作，即使你在工作中遇到了各种各样的困难、挑战，也会认真负责地把它做到位，而不是草率应付。如果说岗位意识还停留在“我是干什么工作的”这个境界，那么岗位精神则达到了“这是我的工作”的境界。

有的员工在工作时间聊天、玩游戏、上网，甚至离开工作岗位去做其他事情。还有一些人未经企业允许就擅自脱离工作岗位，到企业外面去办“私事”。这些行为都是缺乏岗位意识的表现。

据浙江《今日早报》报道，2012 年五一加班期间，杭州打铁关垃圾中转站的一位环卫工人中途离岗两个小时。前来检查工作的班长正好路过，因为中途离岗和上班迟到是杭州市环境集团的工作大忌，所以班长准备对这一行为进行处罚。没想到，该环卫工人离岗事出有因：血液中心给他打电话，说这两天用血量大，问他能不能帮忙献个血，他这才脱岗去献血了。

或许是因为在当前的形势下，献血比较有意义，所以该新闻记者并没有去谈这位环卫工中途离岗的负面影响，反而大肆宣扬他“4 年累计献血 20000 毫升”的道德示范作用。

当然，我也没有找到这位环卫工人因为中途离岗受罚的资料。

这篇新闻非常有代表性。它反映了我们有太多的人喜欢用道德的范畴来评价一个人，而不是用制度（法律）的范畴来评价一个人。

在我看来，这篇新闻报道之后，该环卫工人的上级领导应该迅速去做一件事：查一下该环卫工人 4 年来每次献血是否都用的上班时间，哪怕只是偶尔用了上班时间，也应该立即辞退他，而不是去表扬他——一个连自己的工作岗位在哪里都搞不清楚的人，道德再高尚都不是一个合格的员工。

即使只是这一次用了上班时间，也必须按照制度对他进行惩罚。当然，如果领导高兴，对他的献血行为也可以给予适当的奖励。所谓奖罚分明才能纪律严明，就是这个道理。

任何一个组织都会有各种规章制度，对制度的坚决维护与严格执行是组织得以正常运转和发展的基本保证。作为上级领导，按规章制度处理违规违纪的员工的行为是正确的。用道德的理由去为自己辩解，只能说明辩解人自身严重缺乏岗位精神，没有最起码的组织性和纪律性。

那些为这种擅离职守的行为提出辩护的人同样不具备岗位精神。你越是认为这种行为值得肯定，就越证明你不会成为一名优秀的员工。试想，一个连企业制度都不能遵守、连岗位职责都不能坚守的人，又怎么可能有执行力，又怎么可能把工作做好？

无论你处于什么岗位，首先要做到的一点就是不能违反岗位制度。否则，即使你做出了工作成绩，也难以被别人认可。甚至还会受到领导的猜疑：他会把你当成有组织无纪律的员工来对待。

3. 经营你的责任心

通常来说，责任心就是对待工作的态度，就是一定要把工作做好的精神。其具体的表现就是以主动积极的态度执行工作，并且严格遵守企业的规章制度，事事按流程执行，绝不在工作中偷奸耍滑、玩忽职守。

许多企业在强调责任心的时候，也基本上是围绕着以上内容来强调。

实际上，上面对责任心的解释并不全面，主要还是围绕着树立责任心的态度和行为来强调。至于如何通过责任心的加强来确保工作的执行到位，并没有真正涉及。比如，一个满腔热情、态度积极，并且事事按流程执行的人，就一定能把工作执行到位吗？答案是不一定。

一个人是否有责任心，其实应该从三个方面来看。第一就是上面提到的对待工作的态度，比如是否积极主动，是否有奉献精神等。第二就是上面提到的执行工作时的行为，也就是是否遵守了企业的规章制度，是否按流程执行、按标准化操作。第三点很重要，但也常常被人们忽视，那就是我们是否真正了解了自己的工作。

以上三个方面，最关键的是第三点。要想知道一个人是否真的有责任心，仅靠第一点和第二点是不够的，因为这两点都可以造假。唯有第三点造不了假。

这个并不难理解。最典型的例子当属那些职场投机者：

> 他们在领导面前总是装出一副积极工作的神态，下班之后，领导不走，他们也不走，还经常拿一些不痛不痒的问题去请教领导，以表明自己的努力认真。在遵守规章制度和按流程执行方面，他们也往往做得很好，绝不逾规矩一步。领导很容易被这样的人蒙蔽，把他们放到一些重要的岗位上来。
>
> 其实，要想看清楚一个人是否真的负责任很容易，只需要问他几个正在进行的工作上的问题就可以了，比如他对正在进行的项目的理解和看法、项目的时间规划、进度规划、每个时间段所要完成的目标以及项目最终要达到一个什么样的效果等。

“追根究底”是台湾“经营之神”王永庆经营企业成功的秘诀。他曾说过："经营管理，成本分析，要追根究底，分析到最后一点，我们台塑就靠这一点吃饭。"

为了追踪、考核台塑各有关部门，以了解命令贯彻情况，也为了了解各部门管理人员是否真正负起了责任，王永庆创立了著名的"午餐汇报"制度。

每天中午吃午饭的时候，王永庆会让一些中层以上的管理干部前来一起就餐。这个吃饭过程并不轻松，因为王永庆会突然指着一个中层管理人员，向他问一个在他管理范围之内的问题。有些问题问得很刁钻，被问的人如果对自己所负责的工作了解得不透彻，即便提前有准备，也很容易被问倒。

事实上，王永庆并不搞突然袭击。对于午餐汇报，台塑每一部门都有轮到的机会。轮到报告者，总管理处会在一个月前通知他们准备。随后拟定报告的主题和议程。报告者事前都会经过多次的演练与充分的准备。

在用完午餐之后，即由部门主管提出报告。现场气氛严肃，会中王永庆若听到有疑问之处，立刻将报表折角，待报告到一段落时，即以惯有的"追根究底"的方式不断追问，若准备不充分，或对问题了解不够深入，随时会被问倒。

一次，王永庆问某管理人员，你买进的这个椅子，里边材料是泡沫的，这种填充泡沫，你们以前花60块，这成本能不能降一降，我听说别家有40块的。

这名中层管理干部就说有，我们现在正准备着呢。

王永庆又说，市场上收的类似废泡沫是20块一斤，你能把成本降低到20块钱吗？

这一下就把中层管理干部给问住了："哎哟，没研究过。"

王永庆就说了，你整天研究什么了？你根本就没有仔细研究这个。

据说，台塑的管理人员为了应付"午餐汇报"，每周都至少工作70个小时，他们必须对自己所管辖部门的大小事了然于胸，对出现的问题进行真正的分析研究，才能够过关。

一个人是否真正了解自己的工作，从这种对具体问题的考核中可以一目了然。

有的人看似每天都在忙碌，但如果你问他手头的项目什么时候能完成，他一脸茫然；你问他上个月完成了多少工作量，他还是不知道。这样的表现显然就称不上负责任。

要想真正了解自己的工作，我们就不能被动地去执行，更不能抱有应付的心态，而应该主动对所负责的工作进行详细的了解和分析，然后作出有针对性地计划。只有这样，才是一个真正有责任心的人。

4. 提升学习能力

执行力不仅仅与职业化、岗位精神、责任心这些要素有关，还与一个人的学习能力有关。那么，如何学习才能提高我们的执行力，更好地执行企业战略呢？答案就是有针对性的学习。

有所求才能有所学。很多人从小学到大学都在学英语，为什么学不好？因为现实生活中用不着。反之，如果工作中需要英语，你看很多人在短短的时间内就能达到良好的读写能力。当然，口语能力可能会差一点。

有的人读完本科读硕士，读完硕士读博士，可一参加工作，还是什么都不会。其中的原因就是上学的时候只是以考试为目标，而不是像工作中的人那样是以解决具体问题为目标。

工作中的学习为什么效率高？因为它是以解决具体问题，提高个人执行力为目标的，所以其学习内容非常有针对性。比如，企业实施六西格玛管理，你就要去学习关于六西格玛的相关知识。不如此，你就无法利用这一管理工具找出产品的问题出在哪里，能做到什么程度。

优秀的工作技能只能依赖于工作中的学习力。在学校里学到的知识能够直接应用到工作中的并不多。可以说，真正能够决定员工能力的是你能否在工作中具有学习力。否则，即使你在学校的考试成绩一直都是最优秀的，也难以适应工作中的各种需要。

良好的流程执行力主要体现在两个方面：第一是你的工作是否按流程执行；第二是你在按流程执行的时候，是否为企业创造了价值。通常来说，第一条大家都比较容易做到，因为大多数企业都有制度对大家的行为进行约束。而第二条要想做到就很难，它需要每个人都对自己的工作有深刻的理解。显然，要想理解自己的工作内容和工作意义，就需要有针对性地学习。

比如，华为的营销人员在印度签订某个合同的时候，不清楚服务合同需要预先交付超过40%的服务保证金，而是依照国内的惯例，将销售合同与服务合同捆绑在一起，与客户签订了一份完整的销售服务大合同。而客户则将整个合同视同服务合同，致使合同还没有开始履行就已经注定无法赢利。显然，这位营销人员完成了任务，但却没有为企业创造价值，甚至还导致了亏损。

“执行流程”和“按流程执行”是两个不相同的概念。前者强调的是动作、行为要到位，而后者强调的是在动作、行为到位的基础上，让工作创造价值。明白了它们的区别，我们才能知道该去学习什么，该怎么学习。

第四节　按流程执行的七个要点

1. 咬定原则不放松

不能把企业利益看得高于一切的人，通常也不具备按流程执行的能力，执行力也会大打折扣。

2012 年 5 月份，阿里巴巴集团发出一份公开信，首次披露了旗下淘宝体系中首批因不正当行为而被永久关店并进入司法程序的网上名单。

这是阿里巴巴面对内部腐败问题的再次出手。根据阿里集团对外公布的情况，因涉嫌“非国家工作人员受贿罪”，前聚划算员工中被查出参与谋取不正当利益的，有的已经被检察院批捕，有的已被警方刑事拘留，有的则被辞退。

利用职权为自己牟私利，这种现象可以说是比比皆是。虽然大多数企业对此行为都有相关的制度规定与约束，但正如一位大学教授所说，人性本贪，人都是利益动物，只要有可能，就会为自己谋取私利。所以，企业的管理制度有时候并不能阻挡人的私欲。

但是，有一种人却能抵挡这种诱惑，这就是把企业利益看得高于一切的人。这种人因为意识到了企业利益是实现个人利益的基础，企业利益与员工的个人利益紧密相连、相辅相成，所以具有极强的原则性，对任何违反管理制度，损害企业利益的行为都坚决抵制。

事实上，不能把企业利益看得高于一切的人，通常也不具备按流程执行的能力，执行力也会大打折扣。

这是一个很浅显但也极容易被人忽视的道理。且不说那些明显以公谋私的人，就是那些看似为企业着想，一心一意想要做出成绩的员工，也很容易在这方面出现问题。举例来说，一个为了尽快完成任务而跳过工作流程的人，他并没有想过为自己牟私利，所以其内心深处并不觉得自己做错了什么。相反，他们甚至会觉得自己是在为企业着想，为企业提高效率。

事实显然并非如此。首先，流程也好，岗位标准操作指南也好，都是为了保证工作质量和效率而设计的，所以，跳过它们也就意味着工作质量和效率失去了保证。一旦出现问题，利益受到损害的首先是企业。所以，这种看似积极的工作行为，实际上只是在为自己的利益做打算，而没有真正顾及企业利益。

其次，当有人在工作中不断跳过流程时，个人的工作效率可能得到了提高，但其他人的工作却可能因此而被打乱。也就是说，一个人的工作效率提高了，其他人的工作效率却被降低了。显然，从整体来看，企业的利益还是受损的。

有家企业发生过这样一件事。这家企业的驻外销售代表向总企业领导汇报，说自己刚签了一个大订单，请求总企业尽快发货。正为销售业绩发愁的总部领导接到消息，欣喜万分，下令立即组织生产制造和发货等相关事宜。

接到订单履行通知后，订单履行部门犹豫了一下，是该执行领导命令直接订单履行，还是按照流程，先要求进行订单验证和信用审查？

就在犹豫期间，订单履行部门又接到了领导及那个驻外销售代表的多个催促电话。顶不住领导的压力，订单履行部门只好取消了订单验证和信用审查程序，直接发货。

没想到，货发出去之后，货款却迟迟没有打过来。这一下子引起了许多人的恐慌。订单部门又不得不进行了信用审查程序，结果发现，那家所谓的大客户实际上是一家经营不善、资金紧张、濒临破产的企业，根本就没有能力付清货款。

一个隐藏着巨大风险的订单就是因为订单履行部门没有坚持原则，最终给企业造成了巨大的损失。

在这个事情中，首先不按流程执行的是那个驻外销售代表。他迫切想要做出业绩的心情可以理解，但是他在获得订单后没有对顾客进行一定的了解，只想到了效率却没顾及后果，结果没有发现隐藏的风险。领导显然也应该负一定的责任。作为领导，不应该用权力去强迫下属违反企业制度。和国外不同，国内的“官僚意识”比较强，一般人都不会跟领导对抗。所以，当领导下命令的时候，即便这个命令是违反流程制度的，员工有时也不得不去执行。

当然，订单履行部门的责任要稍大一点，毕竟它是直接负责的一方。如果它能够坚守原则，顶住领导的压力，严格进行订单验证和信用审查，那么所隐藏的危险就会被消灭于萌芽之中。

从主观上来说，这三方都没有坏心，都是想尽快为企业带来业绩。但是，这三方的出发点却都不是企业利益，而是自己的业绩。所以，他们可以无视企业的流程制度，最终给企业带来巨大的损失。

所以，只有当一个人真正意识到什么是企业利益，并把企业利益看得高于一切的时候，他才能严格按企业的流程制度执行，也才能抵挡住各种各样的诱惑。

2. 理解到位，执行到位

一个人的业绩不是取决于你付出了多少，而是在于你是否达到了企业绩效考核的标准，是否为企业创造了价值。

哈德良是罗马帝国五贤帝之一。他在位的时候，手下有一位将军，跟随哈德良常年出征。有一次，这位将军对哈德良说："我应该升到更重要的领导岗位，因为我的经验丰富，参加过10次重要战役。"

听完将军的话，哈德良指着周围的战驴说，"亲爱的将军，好好看看这些驴子，它们至少参加过20次战役，可它们仍然是驴子。"

哈德良的意思很明显：一个人经验与资历固然重要，但这并不是衡量能力的标准。有的人工作了几十年，不过是一年经验重复几十次而已。许多人都有"没有功劳也有苦劳"的想法。他们认为只要做了，付出了，不管结果如何都应该算作成绩。

但企业是讲求效益的。企业衡量员工的标准是业绩。所以，在业务执行中，不管你付出多大辛苦，走了多少弯路，或者花费了多少时间，只要没有效率，没有达到企业绩效考核的标准，那么一切辛苦都是白费。

这看起来有点残酷，但事实就是这样。对个人来说，你付出的是时间、精力、心血，对企业而言，则是资本、机会、人力。所以，以价值来衡量，那就是"只有功劳没有苦劳"。

职场是靠业绩说话的，没有功劳的苦劳会毫无价值。许多时候，即便你最终完成了企业交给的任务，但只要没有达到企业绩效考核的标准，比如超过了规定的时间才把工作完成，你仍然是没有业绩的。

我认识一位女孩子是那种没什么野心，但专业技能不错，工作也很踏实的人。她在一家企业干了 5 年多，虽然企业给的工资不高，却一直干了下来，并且兢兢业业，毫无怨言，属于老黄牛型的“资深员工”。

后来，女孩子所在的部门实行工资改革，变以前的基本工资＋奖金的形式为基本工资＋提成的形式。因为是计件提成了，所以绩效考核的标准也进行了相应调整。但这个女孩子对这种绩效管理上的调整并不敏感，还是按照以前的工作方法工作。结果，工资改革的第一个月，她就遇到了问题：虽然她仍然兢兢业业，甚至比其他同事在工作上付出的更多，但却因为没有达到绩效考核的标准，最终只拿到了基本工资，提成一分钱都没有。

女孩子想不通，为什么本来是为了提高大家收入的工资改革，自己拿到的反而更少了？而且，为什么那些努力程度不如自己的同事，拿到的钱反而比自己多？

这个女孩子没有搞清楚功劳和苦劳的区别。她不知道要想拿到提成，仅仅靠努力工作是不够的，关键是这些工作是否达到了绩效考核的要求。比如，绩效考核要求她们部门的员工每个月要完成三个项目的基本任务量，之后每完成一个项目，才有提成可拿。可是，这位女孩子不理解这些管理上的问题，而仍然像以前那样，只要有项目交到她的手里，她就展开了去做。结果，一个月下来，她手上的所有项目都在进行，但完成了的项目，却只有三个。因为她只完成了基本工作任务量，所以她只能拿基本工资。

对企业来说，绩效考核的原则是“要什么就去考核什么”，所以，聪明的员工会把精力都放在绩效考核的目标上，与绩效考核无关的工作内容，他们通常并不关注。这个道理很容易理解，以销售为例，有的销售员宁肯用没有任何利润空间的价格也要把产品卖出去，就是为了完成销售考核指标。只有这样，他们才能拿到提成。当然，这种做法是以损害企业的利益为前提的，并非正确的工作理念。

其实，要想做出业绩并不难。只要理解了企业绩效考核的标准，知道企业想要什么，考核的标准是什么，然后利用正确的工具、科学的工作方法，再加上创新的工作意识，就很容易做出成绩。所谓的理解到位才能执行到位，在某种程度上也就是这个意思。

3. 用正确的方法做正确的事

按流程执行是员工的工作效率得以提升的保证。但流程本身并不能产生效率，它仅仅是提供了一种有效率的工作方式。要想发挥出流程的效率优势，还需要我们在工作中用正确的方法做正确的事。

事实上，只有用正确的方法做正确的事，我们才能同时保证效率和效果的同时实现。

所谓正确的方法就是选择做事的方式。虽然说条条大路通罗马，但总有一条是最快的，也总有一条是最慢的。找到了那条可以最快达到目标的路径，并坚持不懈地走下去，我们就能同时实现效率和效能。

美国著名的企业领导学专家本尼斯在担任辛辛那提大学校长的时候，每天的工作都非常繁忙。有一天早上，凌晨四点多他还在处理堆积如山的文件，疲惫的他突然间领悟到了领导与管理的区别：

“我决定了，我想当领导型而非管理型的大学校长。这是个重要的区别。许多组织管理得很好，却领导得很差。它们擅长处理所有的日常工作，却从来没有先问问这些日常工作是否该做。”

本尼斯在随后作了一个著名的概括：“领导者做正确的事，领导者正确地做事。”

本尼斯从自己的亲身体验领悟到，虽然他在做正确的事，但因为没有采取正确的方法，所以没有效率。

工作效率离不开好的工作方法。如果不能为自己找到有效的工作方法，最终受到影响的只能是自己。

2001年下半年，华为的一位叫王冠珠的员工被派到西班牙，目标是要打开华为在西班牙的市场。当时，西班牙代表处除了王冠珠，还有一名叫邓涛的员工，是他的上司。他们的办公室就在著名的皇家马德里足球队主场伯纳乌球场的旁边。

初到西班牙，王冠珠见识到了当地人的懒散：早上9点上班，下午1点开始吃午餐，一直吃到下午4点，然后到办公室简单做点事情就回家了。

西班牙人的这种工作状态和华为中国员工没日没夜工作的状态形成了鲜明的对比。王冠珠对邓涛说：我们中国人这么努力，要超过他们西班牙应该只是时间问题。

邓涛在欧洲待的时间比较长，他沉思了一下对王冠珠说：“恐怕没那么容易，别忘了我们的效率实在太低。”

邓涛的话并非无稽之谈。虽然中国人非常勤劳，我们许多人也以此为荣。殊不知，我们的勤劳是建立在没有效率的基础之上的。很多时候，我们只是在做正确的事，但却没有采用正确的方法。甚至，我们既没有采取正确的方法，也没有做正确的事。

王冠珠对此深有体会。有一次，华为在西班牙的代理商就向他抱怨：给你发电子邮件了，你怎么没有回答我的问题。王冠珠觉得奇怪，他明明回邮件了，怎么会说他没答复呢？他后来才弄明白，自己还不懂怎么用西方人的方式来回复邮件——他应该逐条地详细回答每个问题，而不是像中国国内那样笼统地做一个回复，然后在双方见面的时候再具体解决某些问题。

我们需要认识到，没有正确的工作方法，无论我们多么用心，都难以提升工作效率。尤其是在强调执行力的今天，忙碌早已不是评价员工是否优秀的标准。在许多企业，忙碌的员工并不会得到赞美，如果没有工作效率，他们反而会被看作没有工作能力。

那些为自己的忙碌感到自豪的员工应该立即反思一下：你真的需要如此忙碌吗？你的忙碌是否是因为你的工作方法出了问题？你是为了忙碌而忙碌还是真的因为工作多而忙碌？

可以肯定地说，大多数人的大多数忙碌都是没有价值的。二八法则的核心内容就是生活中 80% 的结果几乎源于 20% 的活动。这就意味着：我们大多数的忙碌都是无效的。

海尔某地企业接到一位在美国读博士的先生的电话，请求为其母亲家装一台空调，钱由他从美国寄过来。不过他特别说明母亲不识字，因为怕出事平时一般不用家电，可这个夏天实在是太热了。因为相信海尔的服务才委托海尔帮自己办这件事。主管把这件事布置给了手下的一位员工。

这位员工当天就按企业的规定为老太太安装了空调并教会老太太怎么使用，看着老太太操作了一遍就回去了。可是第二天一早就接到老太太的电话说空调坏了。员工跑去一看，空调是好的，只是老太太忘了怎么关机，空调开了一整夜，害的老太太只好盖着棉被睡觉。于是这位员工又教老太太怎么操作。并且在以后几天里要么打电话询问情况，要么跑去解决因老太太健忘引起的问题，其他的空调安装任务也没能完成。到月末因企业的销售业绩排在了最后，主管和他的团队不得不接受企业的处罚：罚主管 1000 元，罚那位员工 100 元。

许多人对这位员工被惩罚有所争议。他们认为海尔的优势就是服务，这位员工的行为恰恰反映出了海尔的服务精神，所以他不该受到处罚。

在我看来，这位员工应该受到惩罚。虽然他的行为并没有违反企业的规定，但他因为自己的工作方法不对而没能完成工作任务，这是他自身原因造成的，可以说，他既没有完成任务，也没有在这种忙碌的行为中为企业创造价值，被惩罚是必然的结果。

只有用正确的方法做正确的事，你才能同时获得效率和效能。否则，你就会像上面故事中提到的那位海尔员工一样，虽然付出了很多，但却得不到想要的结果。

通常来讲，工作的方向多由领导来定，因此大多数员工的工作主要就是如何正确地做事，也就是如何具体执行了。

在管理制度完善，流程规章成熟的企业，选择正确的执行方法，其实就是按流程执行。员工只需要按照企业设定的流程去执行，并在执行的每个环节都把工作做到位，最终的结果就不会差到哪里去。

4. 在细微之处体现责任心

当能够确保工作质量的标准化工作流程被你抛到一边的时候，你就不得不一再实践墨菲定律：事情只要有变坏的可能，它往往就会朝着变坏的方向发展。

爱德华·墨菲（Edward A. Murphy）是美国爱德华兹空军基地的上尉工程师。1949 年，他和他的上司斯塔普少校一起参加了美国空军进行的 MX981 实验——一次关于火箭减速超重的实验。这次实验的目的是为了测定人类对加速度的承受极限，其中有一个项目是将 16 个火箭加速度计悬空装置在受试者上方。当时，有两种方法可以将加速度计固定在支架上，其中一种是错误的。而不可思议的是，技术人员恰恰选择了错误的方法将 16 个加速度计全部装反。结果因仪器失灵，实验发生了事故。

墨菲由此得出一个论断：如果有两种或更多种选择，其中一种将导致灾难，则必定有人会作出这种选择。英文原句如下：

If there are two or more ways to do something, and one of those ways can result in a catastrophe, then someone will do it.

这就是著名的“墨菲定律”，它与“帕金森定律”“彼得原理”一起被并称为二十世纪西方文化的三大发现。

根据墨菲定律，人们总结出了四条理论：

（1）任何事都没有表面看起来那么简单。

（2）所有的事都会比你预计的时间长。

（3）会出错的事总会出错。

（4）如果你担心某种情况发生，那么它就更有可能发生。

墨菲定律向世人阐述了这样一个事实：事情只要有变坏的可能，它往往就会朝着变坏的方向发展。

有没有一种方法可以让我们尽量跳出墨菲定律的怪圈？有，那就是按流程执行。但是，人类的侥幸心理却一再让墨菲定律大行其道。

以日本为例，其2011年3月份的9级大地震，不但引发了海啸，还最终导致了福岛第一核电站的核泄漏。其中的原因固然有天灾，但也少不了人祸。正如核工业出身的日本国会议员吉井英胜所言："地震和海啸是天灾，核电事故完全是人祸！"

据网络资料转载，早在2006年，毕业于日本京都大学原子核工学部的吉井英胜就曾在国会上质询，指出全国42座核发电机组（包括福岛第一核电站）的海啸对策不足，警告说这些机组在发生海啸时无法冷却，进而造成炉芯熔融的危险。时任经济产业大臣的二阶俊博答应调查此事，但实际上把这个警告束之高阁。当年12月，吉井英胜又向内阁直接提交了同样内容的质询书，但被时任首相安倍晋三拒绝，理由是"日本从未发生过因为柴油发电机组故障而导致原子炉停机的事，因为丧失外来动力源而无法冷却的事也没有发生过"。后来，吉井英胜又向民主党内阁提出了这个问题，但被经济产业大臣直岛正行拒绝，理由是"核电站有多重保护，不可能发生融芯事故"。

现在我们已经知道，这个被认为"不可能发生的事情"，不但迅速发生了，而且还波及全球，影响他国。

现在我们做一个假设：如果日本再一次发生大地震并引发海啸，还会不会出现类似的核泄漏问题？

在回答这个问题时，请不要持有乐观的心态。因为事实一再证明，在惨痛的教训过后，人们并不见得能发现问题的真正原因，从而采取正确的解决办法。而且，人们的侥幸心理总是会再次占据上风。

2009 年 12 月 22 日，上海地铁一号线在一天内发生了四起事故：第一起是因突发供电触网跳闸故障造成列车停驶；第二起是两辆车发生侧面碰撞；第三起是因陕西南路站一变电箱冒出浓烟，导致几处站点短暂限流进出口被封闭；第四起则是因故障导致列车晚点。

一天之内出现如此多的事故，按理说人们会彻查事故原因，并将相关的检查流程化、标准化，以预防以后再出现类似问题。但实际情况却如何呢？让我们看一下接下来的事情。

2011 年 7 月 28 日晚，本应开往航中路方向的上海地铁 10 号线列车，却反常地朝着虹桥火车站方向开出，出现了“开错方向”的一幕。几天之后的 8 月 2 日上午，还是 10 号线，又出现了因故障开不了门的问题，导致乘客只能排队从驾驶室出去。又过了一个多月，2011 年的 9 月 27 日，还是 10 号线，又在老西门站发生了追尾事故，造成了 200 多人受伤。

事实上，在短短的时间内，上海地铁的 2 号线、4 号线、7 号线和 10 号线均出现过不同程度的故障，以至于其地铁运营的稳定性一再受到人们的质疑。

是什么原因导致了上海地铁频频出现问题？相关管理部门没有彻查？还是直接负责的单位没有流程化、标准化的隐患检查流程？应该都不是。毕竟，在这种涉及人身生命安全的地铁运营中，没有哪个负责单位敢大意。当然，相关单位把问题的原因归结为信号设备故障等因素也是经不起推敲的。因为信号故障并不能算是原因，它仍然只是结果。真正的原因应该是什么问题导致了信号故障而没有被检查出来。

简单地说，原因不在设备，而在于相关责任人没有发现设备存在的问题。因为只要是设备就一定会出现故障。所以根本的原因不是设备出现了故障，而是相关责任人为什么没有发现设备存在的故障隐患。再进一步分析，则可能就会推导出，是人们没有按照标准化的检查流程去检查各种设备，没有发现潜在的隐患，从而导致故障不断，最终酿成事故。

人们之所以会在同样的问题上犯同样的错误，大多数时候是因为人们发现不了问题的真正原因所在。比如上面提到的地铁事故，如果总是把原因归结为设备故障，那么毫无疑问，类似的事故还会出现。但如果认为是在隐患检查环节出现了问题，并立即改进完善标准化的检查流程，然后严格执行，此类事故发生的概率就会大大降低。

事实上，墨菲定律之所以能够在现实生活中一再被验证，就是因为我们做事情的时候总是抱有侥幸心理，总是不喜欢按照风险最低的标准化流程去执行。

人们只有老老实实地把自己的工作流程化、标准化，才能真正减少工作中的变异，从而使工作正常进行。

5. 掌控你的时间

流程是提升工作效率的工具，但流程本身并不一定能提升工作效率。只有当流程执行者主动追求效率的时候，它才能承担提升工作效率的功能。

由于流程本身只规定了执行的步骤，却没有规定执行的时间，因此，员工在按流程执行的时候，需要有时间意识。

虽然我们在前面曾谈到，当无法保证效率的时候，要保证效果，但这并不意味着效率不重要。事实上，对于一些涉及市场先机的企业战略，如果得不到快速的执行，那么即使是最完美的战略也可能会失去意义。尤其是当我们处于一个以快速的、突发的甚至是痉挛性的变化为标志的时代，执行的时间意识就显得无比重要。

> 张瑞敏在一次关于“推进流程再造”的会议上，提出了一个问题：“如何让石头在水上漂起来？”
>
> “把石头掏空！”有人喊，张瑞敏摇头。
>
> “把石头放在木板上！”张瑞敏说：“没有木板！”
>
> “做一块假石头！”大家哄堂大笑。张瑞敏说：“石头是真的。”
>
> 此时，海尔集团副总裁喻子达顿悟：“是速度！”张瑞敏斩钉截铁地说：“正确！”他接着说：“《孙子兵法》上有这样一句话：‘激水之疾，至于漂石者，势也’。速度能使沉甸甸的石头飘起来。同样，在信息化时代，速度决定着企业的成败。海尔流程再造就要以更快的响应市场速度来满足全球用户的需求。”

张瑞敏用这个类似脑筋急转弯的问题告诉员工流程对速度的重要性，以及速度对企业的重要性。事实上，在企业的竞争力里面，速度已经成为一个重要的关键因素。所以，员工在按流程执行时能否掌控自己的时间，提升工作效率，实际上是关系到企业的生死存亡的。

一个人的工作速度、水平、质量和时效等，简单说就是工作绩效与所用时间的比值，是评价他工作好坏的综合指标。对于一个过了某段时间就失去意义的项目，不能在规定的时间内完成它，即使你的工作结果非常完美，也可能完全没有了价值。当然，为了追求效率而忽视效果，你的工作同样没有价值。

所以，只有既作出了好的工作结果，又能保证效率，你的工作才是最优秀的，也是最值得领导期待的。

有一个故事可以说明在执行中效率对企业的重要性。

美国伯利恒钢铁企业总裁查理斯·舒瓦普约见了效率专家艾维·利，他对艾维·利说，自己懂得如何管理，但事实上企业不尽如人意。他说："应该做什么，我们自己是清楚的。如果你能告诉我们如何更好地执行计划，我听你的，在合理范围内价钱由你定。"

显然，舒瓦普的难点在于他找不到一个有效的工具或手段去提升员工执行的效率。他知道要做什么，但不知道该如何去做。

艾维·利是效率专家，他说可以在10分钟之内给舒瓦普一样东西，这东西能使伯利恒企业的业绩提高至少50%。随后，他递给舒瓦普一张空白纸，说："在这张纸上写下你明天要做的最重要的六件事。"

舒瓦普很快就写完了，艾维·利说："现在用数字标明每件事情对于你和你的企业的重要性的次序。"舒瓦普又花了大约5分钟，把他认为的先后次序标了出来。

艾维·利接着说："现在把这张纸放进口袋，明天早上第一件事就是把它拿出来，按照你排好的顺序先做第一项，直到完成为止。然后用同样的方法去做第二件、第三件……直到你下班为止。如果你只做完了一件事情，那也不要紧，因为你总是在做着最重要的事情。"

"每天你都要这样做，当你感受到这种方法的好处后，就把它推广到全企业员工里面。这个实验你想做多久就做多久，然后给我寄支票来，你认为值多少钱就给我寄多少来。”

整个会见不到半个小时。但几个星期后，舒瓦普给艾维·利寄去了一张25万美元的支票。还有一封信，信上说那是他一生中最有价值的一课。事实上，仅仅五年之后，这个当年不为人知的小钢厂就一跃成为世界上著名的独立钢铁厂了。

如何掌控你的时间，提升你的工作效率？最好的方法就是上面故事中所提到的——遵循二八法则，对你的工作做一下规划，按照重要性排好顺序，然后按照顺序去做事。

如果我们不懂得在工作中有效安排自己的时间，那么即使再完美的企业流程，也难以给我们带来效率。要知道，职场上总会有做不完的工作。只有学会规划自己的时间，才能更好地把工作做好。

在一个追求速度的世界里，每个人都要学会用最短的时间完成最多的事。那些擅长时间管理的员工，往往也是最有效率的员工。懂得时间管理的员工在工作之前就规划好了一切，而那些不懂时间管理的员工，只能边工作边规划。

微软高管刘润曾提出过以年、月、天为单位的三个层次的时间管理，前任惠普企业总裁格拉特更是把自己的时间划分得清清楚楚，他拿出自己20%的时间和客户沟通，35%的时间用在会议上，10%的时间在电话沟通上，5%的时间看企业文件，剩余的其他时间则用在和企业没有直接或间接关系，但却有利于企业的活动上。如此清晰的时间分配让他们即使身处管理高位，每天要解决众多复杂甚至是突发的问题，也能够应付自如。

掌控自己的时间，合理安排自己的工作顺序，并没有人们想象的那么复杂。只要我们能找到影响工作效率的原因所在，就能对症下药，合理规划自己的工作时间了。

6. 依法办事不越位

很少有人能够在工作中做到不越位。不要说普通员工，即使是中高层领导者，也经常会出现越位管理的现象。

按照人性的特点，很少有人愿意在工作中去做自己职责之外的事情，除非想通过这类行为获得上司的好感。中国俗语中的“各人自扫门前雪，休管他人瓦上霜”，也非常到位地证明了人们不愿多管闲事的思维。

因此，站在企业的角度考虑，与其鼓励员工自发地多做一些工作，不如多花点时间把企业每个职位的责、权、利规划清晰，让每个员工都明确知道自己该做什么，不该做什么，这样效果会更好。

重视流程管理的企业通常要比不重视流程管理，甚至是没有流程的企业优秀。其中的原因就是流程厘清了每个人的职责，提升了员工的效率，使企业的竞争力得到了提升。

如果企业的制度比较清晰，岗位职责比较清楚，管理也比较规范，那么作为员工，在工作中必须牢记“不越位”的工作原则。即使你一片好心地想去帮助同事，也要先征得他的同意。否则，你很可能会被对方误解。

助人为乐当然是好事，但如果你是在对方毫不知情的情况下把对方的工作做完，也许你会得到领导的赞赏，但你一定不会得到同事的感激。因为你的“杰出表现”，会让同事失去“饭碗”。关键的是，如果你待在一家规模庞大，不得不依靠流程进行管理的企业，你的越位表现，很可能不但不会得到表扬，还会被严重批评。

最关键的是越位工作会给企业带来管理的混乱，甚至会给企业带来麻烦。

职业经理人唐骏在初入微软时，大约还受一些中国人做事思维的影响，不知道越位工作的危害性，结果把自己搞得非常尴尬。

事情是这样的。唐骏到微软上班的第二天，他的直接上司戴维就给他做了一对一的会谈交流，告诉了他一些要注意的事项。其中，戴维特别强调，有任何事情都要用电子邮件的方式立刻请示他。

唐骏是否理解了戴维的意思？答案是否定的。

当时，唐骏所在的部门正在做 Windows NT 的测试版，几乎每天都会出来一个新版本。有一次，唐骏给若干同事及其他部门的经理写了一封邮件，告诉他们当天刚出的测试版系统不够稳定，建议大家先不要用这个版本。这封邮件，唐骏同时也给戴维发了一份。

在一些人看来，唐骏的这个行为，即使不被表扬，起码也应该得到鼓励——他看上去很有责任心。没想到，正在纽约出差的戴维看到邮件后非常恼火，他立即打电话给唐骏，把他训了一顿，严厉斥责唐骏怎么可以发这样的邮件。

唐骏看似对工作负责的行为，为什么反而受到了批评？原因就是他这种擅自给其他部门经理发邮件的行为，已经犯了严重的越权错误。也就是说，他的工作越位了，他做了自己不该做的工作。而且，由于他的邮件内容非常不准确，出现了一些用词错误，被批评也就很自然了。

唐骏好心却做了错事，追其原因，还是因为他没能明白在微软这种企业工作不能越位的道理。

在许多企业里面都会出现工作越位的现象。由于人们在潜意识里面并不觉得它有不妥，因此，随便插手他人工作的现象并不少见。如果我们细心观察，可以发现那些经常越位工作的现象多发生在管理层身上，或者是一些希望好好表现以获得晋升的员工身上。

追求完美主义的领导者最容易越位工作。因为不相信下属的工作能力，或者希望下属能够把工作做得更好，他们经常在无意中代替下属做了许多的工作。事实上，一个好的领导者首先应该明白一个道理：如果没有下属能够取代你，你就永远不会取得晋升。

显然，要想下属能够取代你，你就必须懂得放权，学会培养下属独立解决问题的能力。即使下属的能力暂时达不到你希望的要求，也不要急着替他们工作。要有耐心，给下属时间去提升他们的工作能力。否则，即使团队或部门的工作暂时表现得非常优秀，但从长远来看，这种优秀并不能得以维持。因为你不可能总是去代替下属工作，更无法培养出能够胜任自己工作岗位的下属。而且，由于你的不断越位去帮助下属，久而久之，下属会产生一种依赖心理，一有解决不了的问题就会希望你来解决。

可见，对领导者来说，越位工作是一种会影响团队长远发展的不良表现。

那些一心想要表现自己，希望上司看到自己的敬业态度从而提拔自己的员工，也一定要牢记，表现可以，但不能表现的越位。如果你为了表现自己而在领导面前把别人的工作做了，那么别人会怎么想？你的领导又会怎么想？也许你认为自己是在对企业负责，一心想为企业多做点事情。但在别人看来，你却是在争功争宠，以牺牲别人的利益来获得自己的晋升。

7. 让规范成为习惯

人们在按流程执行的时候，一开始都会感到不习惯。毕竟多了一些约束，不能像以前那样按照自己的想法，随心所欲地工作了。

但习惯都是养成的，如果我们能够坚持下去，每份工作都认认真真地按流程执行，不用多久，规范化工作就会成为我们的习惯，流程也就会成为我们工作中的潜意识标准。

华为在引进 IBM 的流程管理时，任正非明确提出，无论流程是否合理，都要“先僵化、再优化、后固化”。具体来说，就是在将流程体系引进到企业的时候，即使它并不能完全适用于企业的现状，也不能立即进行修改。而是要大家努力去适应新的管理模式。等到大家在新的管理体系下养成规范化工作的习惯后，再对管理体系中不合理的部分进行优化，使之适合企业的发展现状。而优化之后，接下来就是对管理体系进行固化。任正非所谓的固化，就是例行化（制度化、程序化）、规范化（模板化、标准化）。

显然，任正非强调的“先僵化”，实际上就是要求所有的员工，无论新的管理体系是否合理，都要在开始的一段时间无借口地执行它。这实际上就是磨炼法则。

人们的许多行为都是习惯的产物。事实上，许多人的工作习惯并不见得有效率，但因为是习惯，所以当事人才觉得顺手，才觉得自己的工作方法是最有效率的。

以键盘为例，我们现在所用的键盘上二十六个字母的排列顺序并不是最合适的，也不是最有效率的，但因为人们都已经习惯了现在的用法，所以即使你再找出更有效率的键盘排序方式，人们也难以接受。

键盘上的二十六个字母从上到下是按如下顺序排列的：QWERTYUIOP、ASDFGHJKL、ZXCVBNM。当初为什么要如此设计？是因为这样的设计使打字速度最快吗？

答案是否定的。

在19世纪70年代，肖尔斯企业是当时最大的打字机专业生产厂家。据说，由于当时的机械工艺没有现在这么发达，因此该企业生产的打字机字键在击打之后弹回速度较慢，一旦打字员击键速度太快，就容易发生两个字键绞在一起的现象，必须很小心地把它们分开才行。这样一来，敲字速度就会很慢，为此，企业经常受到客户的投诉。

为了解决这个问题，设计师和工程师提出了许多的解决方案，但仍无法加快字键的弹回速度。后来，有位聪明的工程师提出：既然问题出在字键的弹回速度太慢，而打字员的敲击速度太快又加重了这一现象，为什么不想办法降低打字员的击键速度呢？

要想降低打字速度，最好的办法就是打乱26个字母的排列顺序，并且要把较常用的字母摆在较笨拙的手指下，比如，字母“O”是英语中第三个使用频率最高的字母，可以把它放在右手的无名指下；字母“S”和“A”也是使用频率很高的字母，可以把它放到左手的无名指和小指下面；而使用频率较低的“V”“J”“U”等字母，却可以交给最灵活的食指来负责。

这就是现代键盘诞生的来源，二十六个字母的顺序也定型下来，并一直使用到现在。虽然后来随着工艺的发展，字键弹回速度远大于打字员的击键速度，也曾经有人发明了更合理的字母顺序设计方案，但都无法推广，因为大家已经习惯了当初的顺序排列。

流程也是如此，一开始的时候，我们可能觉得它烦琐、不方便。但只要坚持按照它要求的规范工作，不用多久，我们就会习惯。而当我们习惯之后，即使某些时候有更快速的捷径可走，我们也会拒绝。

第五章　加强执行管控

【杨老师管理关键词】

荣誉、奖金、晋升

请问企业经营要的结果是什么？当然是利润。利润的背后是为社会创造价值，这里不作论述。其次请思考，企业为什么会付你薪酬？因为它要购买你的劳动力。在市场经济下，劳动力是一种商品，我们的工资就是劳动力的价格。从本质上讲，员工和企业之间是一种商业交换关系，员工拿结果跟企业交换薪酬。

第一节　下属执行不力，谁之过

1. 下属这样执行，你苦恼吗

经常会听到一些领导者抱怨下属没有执行力。这到底是谁之过？在探讨其缘由之前，先看一个常常在我们身边上演的案例，然后再根据该案做具体的分析。

销售部陈经理要会见一位重要的客户。当陈经理陪同客人在会客室坐下后，他交代林助理说："帮客人倒一杯水来。"于是林助理很快地给客人把水端上来了。之后，林助理出去忙自己的事情，再也没有进来过了。

陈经理全神贯注地跟客户谈关于新产品上市的问题，希望得到客户的配合，首先在客户所在市场打开局面。当谈到关键时候，客户不知道什么缘故竟然对新产品产生了抗拒，委婉地跟陈经理说："新产品上市是个重大的决策。这次我们先谈到这里，下周再继续探讨。"起身就要告辞，陈经理只好跟客户约定下周三再谈。

在把客户送到企业门口时，突然客户不经意地说了一句话："这天气真热啊。"陈经理一愣，似乎意识到了什么。等送完客户，陈经理立刻回到会客室一看，客户杯子的水早喝干了，杯子空空如也。陈经理恍然大悟：今天跟客户之所以没能谈到关键环节，是因为在接待细节上出了问题。

于是，陈经理把林助理叫了过来，问："你怎么不给客人倒水呀？"

林助理说："我倒了呀。"

陈经理问："你没看见客人喝完了吗，怎么也不加水呀？

林助理说："啊？我没有看到呀，您也没有叫我呀！"

陈经理："……"

本案例中陈经理的苦恼在于下属不是今天没有倒好水，就是明天忘了整理文件，明明都是一些小事，但是他们一执行起来却总是出现偏差。而且这样的偏差让你防不胜防，哭笑不得。

2. 下属为何执行不力

执行不力，员工方面也会存在问题，但只是一味地向员工强调执行力，员工并不会因为强调而就获得了执行力，而是需要分析员工为何执行不力，找出原因对症下药，才能逐步地解决问题。

在上述的案例中，之所以会现这样的状况，你认为是什么原因？是林助理能力不够，做事不够认真细致吗？是林助理愚钝，不懂得察言观色吗？是林助理态度不好吗？在适当的时候倒一杯水，这件事难道真的很难吗？看来都不是。

我们需要思考以下问题：

第一，陈经理交代任务时，说到要点了吗？究竟是“倒杯水”还是“接待好客人”，明显是后者。

第二，当陈经理交代不清楚时，下属有仔细去领会上司的真正意图吗？如果一时无法领会上司的意图，有主动向上司询问清楚结果吗？就算来不及询问，或者不方便询问，平时在与上司的配合中，有否达成某种默契？要达成上下配合的高度默契，一定不是临时抱佛脚，而是功在平时。身为领导者的陈经理，有否经常训练下属养成习惯：做事情要遵循结果导向？

第三，在与客人交谈中，陈经理有同时留意客人的表现吗？更重要的是，对下属在执行过程中有监督检查吗？

领导者如何加强下属的执行力，老子有段精辟的论述。《道德经》第六十三章：图难于其易，为大于其细；天下难事必作于易，天下大事必作于细。意思是说，处理天下难以做的事，一定要从容易做的事开始；处理天下重大的事情，一定要从细微的事情开始做起。

由此，我们得到启示，要想将事情做成功，需要遵循四个原则。

第一，切入时机要及早。一开始就要防微杜渐，防患于未然。布置工作时必须明确做这件事要的结果是什么。

第二，切入点要准确。大事从小事开始落实，难事从易事开始落实，责任要具体落实到人。

第三，成大事，关键在于细节。要抓细节，要监督检查。

第四，成难事，关键在于“容易”（执行者认为它容易做）。要想让下属有信心面对难事，就离不开领导者的有效激励。

综上所述，经理人要想下属有效执行，就要加强执行管控。

第二节　加强执行管控四步骤

1. 布置工作要遵循结果导向

（1）什么才是真正的结果

请问企业经营要的结果是什么？当然是利润。利润的背后是为社会创造价值，这里不作论述。其次请思考，企业为什么会付你薪酬？因为它要购买你的劳动力。在市场经济下，劳动力是一种商品，我们的工资就是劳动力的价格。从本质上讲，员工和企业之间是一种商业交换关系，员工拿结果跟企业交换薪酬。

既然我们靠“结果”与企业交换收入，那么，“结果”这种商品就必须符合商品的基本属性。在市场经济下，商品有三种属性：首先，商品必须是有价值的劳动产品，衡量价值的客观标准就是有没有人愿意要；其次，商品必须是用于交换的劳动产品；最后，交换价值的大小取决于客户愿意为此付多少钱，因此，产品必须可以量化。

鉴于此，我们每天做事的结果就必须具备这三个要素：一是只讲功劳，没有苦劳；二是客户要的才是结果；三是可衡量。

请领导者记住：管理要的是结果，而不是过程。

在一次经销商会议中，投影仪突然被烧坏了。会务组急需一个新的投影仪代替，会务负责人王经理安排小李负责这件事。

小李先到了A店，A店说："进的货刚卖完。"小李只好去了B店，B店说："以前卖过，由于生意不好，现在不卖投影仪了。"接着小李去了C店，C店的投影仪生意特别好，卖断货了，新进的货要隔两三天才能到。小李没有办法，又接连跑了几家店。到午餐时间小李也没顾得上吃午餐，跑回到会场向王经理报告说："我跑了三五家店，都快累死了，都没有卖的。"

王经理看着满头大汗的小李，半天也不知道说什么好。

你觉得小李对王经理的回答是不是结果呢？王经理到底要的是什么，是要小李跑几家店吗？绝对不是。其实，买投影仪只是过程，通过买投影仪解决会场所需才是结果。就算一时买不到，想办法租借一个，不就能够给到上司结果吗？"我跑了三五家店，都快累死了，都没有卖的"，这说明了小李努力的过程，并不是上司真正要的结果。小李是不能用这个来跟王经理交换的。

结果可衡量，通俗地说，客户花钱买的是我们给客户提供了实实在在的结果，这个结果是可以衡量的。在日常管理中，主管要时刻督促员工明白：你提供的结果，客户（外部客户和内部客户）愿意购买吗？他们愿意花多少钱来购买？我们今天所做的结果，企业愿意用相当于我们一天的薪水的价格来购买吗？

也许有人会问，事情的结局往往不是由我们来控制的，那该怎么办？办法只有一个，就是奔着结果，寻求替代的解决方法。如上面案例，奔着真正要的结果：当下立刻解决会场所需要的投影问题，如果客观现实是买不到，那么，寻求替代的解决办法就是租借一个回来。

（2）怎么做到结果导向

不少经理很容易被下属忽悠，下面这句就是天大的谎言：“我不敢保证结果如何，但我一定尽力而为，哪怕结果不一定好，但我一定要做到问心无愧。”

面对下属这样的回答，也许很多经理会觉得这已经不错了，人家答应尽力了，你还要怎样？但是，我认为这样的回答是完全不够的。因为这样的回答看不到任何责任制约。员工没有责任制约，执行力就一定会出大问题。

假设这名员工抱着这种不负责任的心态来过马路，绿灯亮了，他经斑马线横穿马路。突然有一辆车冲红灯飞奔而来，一下就把他撞飞了。

从交通责任的认定上，这名员工没有任何责任。但结果是什么？他被撞飞了。在这一起事故中，肇事者必然要受处罚，但这位员工粗心大意的心理也不可取。

人的生命是属于自己的，而且只有一次。因此，无论在什么情况下，每个人都要对自己的生命担负百分之百的责任，就算绿灯亮了，你也必须注意四周的车况。

分析上述案例，过马路这件事，你真正要的结果是什么？表面上看是要过马路，其实你真正要的结果是安全地通过马路到达对面。当你正确地给自己定义后，你就一定会提醒自己要小心谨慎地通过马路。

这告诉我们一个道理，要做到结果导向，第一步就是在每天每次的工作安排中让下属明确这件事的结果是什么，并且大胆直接地要求下属给结果。也就是让员工懂得，在企业里我们要的不是做事，而是要做事后的结果。

2. 责任要具体落实到人

结果导向让员工明确了做正确的事。懂得了做正确的事，并不一定就能把事情做好。要把事情做好取决于员工对这件事负责任的程度。那么，如何才能做到责任到人呢?

一定要把责任明确到具体某一个人身上，并且告诉他，这件事很重要，要是误了事，唯你是问！重要的事情流程化，确定事先做什么，事中做什么，事后做什么。员工按照流程标准照做。

3. 定期或不定期地检查评估

检查评估就是要帮助企业真正地去解决执行中发生的问题，是企业真正把执行落到实处的最关键的一环。

（1）最好的检查是自检

某连锁经营品牌企业为了加强对下属全国连锁店的监督管控，总部决定开展大巡查。在还没有开始行动前，总部的高管们就开始担心了。

“各个店长都很聪明，企业做检查时是一个样，在不做检查时，又是另外一个样。就算耗费大量的人力物力在全国突击检查，他们都会串通起来做表面文章，还不是白费劲!”

在我的建议下，企业成立了稽查小组，小组成员由总部高管和抽调个别店长组成，定期到各店检查。稽查组的每个成员都带有一份表格，记录每一家店的事实和数据，根据计算方法自动生成分数，对发现的问题当场进行纠正，然后由店长签字表示确认。稽查组还要把一线员工的问题带回来，然后依照企业的奖惩机制做出奖罚，并在例会上对发生问题的店面店长进行通报批评。

这样做收效很明显，但是一段时间后就产生了新问题。一是这么多店，耗时耗力耗费太多，成本过高；二是检查时好，不检查时又老样子。为了解决这一问题，改定期检查为随机检查。稽查组只有在出发时才知道要去检查哪个店，随机性和临时性都很强。

店长们立刻紧张起来了，于是各店纷纷自发成立了自检小组。自检小组才是企业真正想要的检查系统。于是，企业对此大加鼓励，并让各店将每周的自检报告提交总部。如果哪家店一直做得好，企业对其实施免检（当然是相对的）。

因此，检查是有成本的，最好的检查就是自检。

（2）要自检，就要不定期地他检

自我检查什么情况下才不会变成“上有政策下有对策”呢？那就是企业层面的监督和检查，如果达不到要求结果，将加以严厉的处罚。要想自检持续下去，不定期地检查就要永远持续下去。一个成功的企业，一定是靠监督、检查来实现对企业的控制。

麦当劳的成功是一个典范。很多人都在想，这样一个简单的生意，居然也可以做到世界500强。这到底是为什么？为什么中国的餐饮业就出不了“麦当劳”？

麦当劳快速开新店，复制能力表面看来很简单，它的检查系统也不复杂。但这一表象的背后是一种强大的法制管理思想，而我们大部分的企业正是在这一点上栽了跟斗。中国的大部分企业的老板和经理们的管理方式还是以人治管理为主。

人治管理的一个特点是做事喜欢顾面子，凡事喜欢含糊一点，不要弄得太清楚，免得伤了和气。做事的结果凭良心，凭信任。比如，一个常见的现象是，经理拍着员工的肩膀说："放手干，我相信你！"下属也信誓旦旦地表态："经理，我办事，你放心！"

结果呢？缺乏监督检查，事情没做好，弄得两头都灰土灰脸，搞得大家都成了小人。长此以往，企业的执行文化就扭曲变形了，表面一团和气，但是领导者极其没有安全感，于是四下安插亲信；员工也没有安全感，于是钩心斗角，企业上上下下都被弄得神经兮兮的。

万科董事长王石谈到他的用人哲学时，深有感触地说："疑人要用，用人要疑。"所谓"用人要疑"，不是上级对下级的怀疑，而是建立在检查制度上的怀疑，即先是假定人是会犯错误的，于是就用制度来约束。

万科从创立到现在的成功，很大程度就在于建立了开放透明的制度体系。比如，对任何职位都要定期或不定期地检查。起初，许多人不习惯，抱怨企业不信任人，但时间一长，员工就习惯和理解了。这种表面上的不信任，其实带来的结果是员工对企业的最大信任。有公开透明的制度，员工就不用担心哪一天会不明不白地被企业辞退。

企业层面的检查监督要符合三个要求。

第一，客观性。以事实和数据为基础，不依赖于个人，不依赖于专家，不依赖于主观判断，只依赖事实和数据，这样才能公正。

第二，公正性。对事不对人。

第三，实效性。对行为及时做出反馈。

4. 随时奖罚激励

驯兽场上，一名驯兽师正在训练一头黑熊跟着她一起跳绳，她跳熊也跳，她落熊也落。相信大家都会为黑熊的表演而喝彩。我们很难想象，作为低等动物的黑熊，它是根本无法用言语和人沟通的，为什么能够在训练师的指引下做出那么多高难度的动作呢？

这样的奇迹是如何造就的？驯兽师被称为“动物的魔术师”，他们在训练黑熊时，经常会用夸奖、抚摸、事物奖励等办法，用他们的职业术语来讲就是“正激励训练法”——以积极的鼓励、奖励为主来训练黑熊。

事实上，早在几十年前，哈佛大学著名的心理学家斯金纳教授就发现，如果一种行为获得了积极的回馈，那么我们就会重复这种行为；如果一种行为产生了消极的后果，甚至会受到惩罚，那么我们就会减少这种行为。这种现象在我们生活中也无处不在。

奖与罚都是激励的方式。奖称为“正激励”，即对好的行为给予积极正面的回馈，以刺激人们继续好的行为；罚称为“负激励”，即对不好的行为给予负面的回馈，以抑制不良行为的再次发生。

我们提倡管理中尽可能多地使用正激励，尽可能减少负激励。惩罚是管理的无奈，万不得已才使用。同时要明确，惩罚的目的不是整人，而是希望收获好的结果。一代教育家陶行知先生的做法能给我们很大启示。

有一天，陶行知先生在校园里看到一个叫王友的同学用泥块砸自己班的同学。为了教育这个孩子，陶行知先生叫这名小同学放学后到校长办公室来。

放学后，陶行知一回到校长室，只见王友小同学已经等在门口准备挨训了。可是一见面，陶行知却掏出了一块糖送给他，说：“这是奖给你的，因为你按时到来，而我却迟到了。”

小王友疑惑地接过糖果。随后，陶行知又掏出了第二块糖果放到他的手里，说："这块糖也是奖给你的，因为当我让你停止打人时，你立即就住手了，这说明你很尊重我，我应该奖励你。"

小王友惊讶了，眼睛瞪得大大的。陶行知又掏出第三块糖塞到他手里，说："我调查过了，你用泥块砸那个男生是因为他们不守游戏规则，欺负女生。你砸他们说明你正直善良，勇于跟坏现象做斗争，我应该奖励你。"

小王友感动极了，他流着眼泪后悔地说："陶……陶校长，你打我两下吧。我错了，我砸的不是坏人，而是自己的同学呀……"

陶行知满意地笑了，他随即掏出第四块糖递过去，说："为你正确地认识错误，我再奖给你一块糖。可惜我只有这一块了，我的糖用完了，我们的谈话也该完了吧。"小王友开心地笑了。

第六章　产品营销管理

【杨老师管理关键词】

方法、成交、市场

销售不成功的原因有很多，比如：给自己找借口开脱销售的失败；恐惧、害怕被人拒绝；不求上进、逃避学习、寻求享受；不能果断出击、犹豫、拖拉；热血三分钟，打击就发懵；自我设限，不能认清自己……

销售迈向成功要具备学习聆听的能力，掌握询问、点头、认可，加赞美的技巧；了解需求、换位思考，懂得贴心和爱；信任是成功的基本条件，销售是一种态度；完全相信公司的产品，问题便可迎刃而解；方向正确，方向比努力更重要；团结协作，统一才是王道。这是对一名成功的销售人员的基本要求，然而，要想打造一支出色的营销团队，做好这些还远远不够。

第一节　打造出色的营销团队

企业运营全部都是成本，运营是财富的来源，企业的原动力，一切构成的根本。运营就是矛，使企业勇往直前。运营就是盾，保企业永远平安。

销售精英侧重于创造最佳的业绩；销售经理侧重于创造整体的辉煌。销售经理如果不能正确认识这一转变，就会陷入进退两难的境地。要想打造无敌的销售团队，销售经理一定要考核团队中的每个成员，然后综合运用培训、激励等手段，直到每个人都成为合格的销售人员。

1. 如何建立营销团队

一个企业无论有着多么好的营销计划，假如没有一直高效运作的销售团队来作为支持，没有一个出色的销售部门来进行支撑，就不可能出现好的服务效果。

在凯恩斯的网页上有这样一句话："我们知道销售服务不只是一个部门接到订单，接接客户的电话而已。企业的每位员工都在为客户服务，不论他们的工作是把货物放在盒子里寄给客户还是在读顾客的来信、报价、送货，或应顾客的要求修改产品、拜访客户、打字、分析、预测、谈判、编一个新的软件、修机器，等等，乃至任何其他我们没有提到的工作，这一切都是在为顾客服务。"

通过上面的这段话，我们可以发现，对于销售的服务早已不是点和线的形式，而是要做到面。客户是企业生存和发展的根本，要想为客户提供优质的服务，就必须为他们打造一个专门的销售团队。

在建立高效的销售团队的时候要注意坚持以下几个原则：

（1）要确定一个核心管理层

销售团队是企业联系顾客的重要纽带。由于本身地位和作用的特殊性，它就应该得到高层核心领导者的指导和支持。这个核心管理层必须有计划能力、分析能力、控制能力和执行能力。管理层要通过自上而下的管理，运用行政计划和命令来加强整个团队的职能控制。销售经理在对自己的销售团队进行建设的时候，要注意培养和选拔核心的人才，并建立成一种有序持久的人才储备机制，来保证整个团队的运作不会因为组织人员的变动而导致服务质量的下滑。

（2）要制定相应的工作流程，明确各个工作的岗位职能

制定工作流程的目的就在于从理论上给员工的工作提供一个具体的行为规范。让每个员工都知道各个环节与自己个人工作之间的关联性，这样就能够在很大程度上减少因为无须工作而带来的混乱，提高了工作的效率。如果销售团队没有对自己内部的工作职能进行准确的确定，那么团队的员工就无法用流程来引导自己的服务行为，这就很容易在两个职能不同的员工之间产生工作矛盾，造成职责不明。

在对客户进行销售的过程中，整个销售团队必须明确各个岗位的职能。这种明确要具体到每个人的工作目标和范围，以避免工作的盲目性和无序性。所以说明确工作流程和界定职能范围是解决工作无序和盲目的有效方法。

（3）加强与各个部门之间的交流沟通与合作

建立销售团队就是要让自己的服务管理成为一种体系，以体系来保证整个客户服务的规范化。如果不能建立这个体系或者这个体系建立得不够完善的话，即使团队的营销能力再强，也不会取得太好的营销业绩。客户服务体系的建立不仅是在保障服务工作的规范化，也是在引领着团队的销售工作向既定的目标和方向上运行，让团队的每一个成员能够明确客户销售管理行为是攸关销售团队命运的关键行为，应当以这个行为为主线紧紧地贴近为企业做好销售工作的中心思想。

总之，销售团队的建立必须规范化，机制要健全。而且在企业发展的不同阶段，团队的建设和管理都要做一些必要的、适时的调整。

2. 高效团队的三个特质

要建立一个高效的销售团队，仅仅把握原则是远远不够的。销售团队必须要打造成一个高效的团队，因为没有哪个客户想享受一个低效团队提供的服务。那么，什么样的团队才是高效的团队呢？一般而言，高效团队具有以下三个特质。

（1）统一的目标

每个销售团队的建立或存在都有一个特别的任务，团队队员以完成这个任务为主要目标。因此，团队队员应该充分了解团队存在的理由，团队的界限及团队在组织中所扮演的角色、地位和功能。但是，目标的实现是要通过转换为具体的任务才能完成的。这类似于管理中的工作分析，常用工作分解结构的方法来实现，确保找出完成项目工作范围的所有工作要素，同时描述可交付成果和其组成要素的具体内容。任务的内在结构包含三个因素：规划（即对行动过程、时间安排以及资源需求的决策）、执行（即计划的实施）和控制（即对绩效和进度的监控，在必要时采取纠正措施）。

所以，销售经理在建立销售团队的时候一定要搞清下面几个问题：

团队组建的目的是什么？团队可以进行的活动界限是什么？

团队的干系人有哪些？他们各自的追求是什么？其中有哪些和团队目标有交集？

可以把这些交集目标细分为哪些可行的执行任务？

团队内部应怎样分工来配合任务的实现？

（2）团队规则

在团队工作中，规则引导个人行为方式的标准化，在标准化的工作氛围中，人人都可达到最大的工作效率和最快的个人核心能力提升。责任分享包括两个层面：一是在团队队员共同分摊团队的工作过程中。二是针对团队的最后成果而言，团队的特色在于顺利完成团队目标的同时，全体队员将分享该成果，共同接受组织的激励与奖励。

相反，当团队无法顺利完成特定任务时，全体队员将共同承担这一失败的责任。因此，团队中必须明确划分每个成员的工作职责，要有严格的配合工作流程的责任分析机制。另外，高效团队的成员必须经过系统的培训，而且具有一定的工作经验、技术技能、人际技能、解决问题等不同类型的技能。

从团队规则的角度出发，在建立销售团队时候要清楚：

任务有哪些流程？各个流程完成的标准是什么？任务完成需要队员具备哪些品质？

怎样将任务流程具体到团队的每个人？怎样分配责任？怎样奖励？

制定什么样规则能达到上面的要求？怎样培训和激励员工？

（3）工作氛围

有情感的人组成的团队情况往往非常复杂。一般情况下，所有的情感都有可能影响到团队的组织绩效，无论是团队成员的生活情感、道德情感还是审美情感。但最关键的应该是那些更容易在团队成员之间引起互动关系、更容易影响团队组织绩效的那些情感，也就是成员之间的情感互动作用所产生的基于团队层面的情感。虽然团队成员的地位是平等的，但是店长或者团队负责人在一个团队中的实际作用却很大。

从工作氛围的角度出发，销售经理在建立销售团队时候要清楚：

团队需要怎样的文化氛围？队员的个人文化有什么差异？队员的性格特征分别是怎样的？哪些是对团队工作有益的？

谁适合做组长？骨干队员有哪些？他们的主导文化有什么特征？

怎样建立和谐、愉快的工作气氛？障碍是什么？怎样解除？

3. 销售团队需要出色的领导者

一支优秀的团队一定有一位优秀的领导者，而优秀的领导者一定具有独到的经营理念，让人信服的人格魅力和品质。

故事版《三国演义》中的刘备，电影《亮剑》中的李云龙；现实版蒙牛的牛根生，东山再起的史玉柱等均是优秀团队领导者的典型代表。他们既具有勇敢承担风险、责任和压力的胆识和魄力，又充满挑战一切困难、阻力的激情和意志。蒙牛几百万元发家，史玉柱五十万元东山再起……他们所取得的丰硕成果与在他们个人影响力下凝聚而成的高效团队是密不可分的。

企业的销售团队同样也需要一个出色的舵手。那么怎么样做才能真正扮演这一“舵手”的角色呢？

（1）塑造一个良好的领导者形象

电视剧《亮剑》中的李云龙向敌人进攻时说得最多的就是：兄弟们，跟我上！而不是“兄弟们，给我上”，一“跟”，一“给”道出的却是两种完全不同的领导者的心态和人格。

欧洲叱咤风云的人物——拿破仑，一次在前线巡视时看见几名修战壕的士兵正极为艰难地在推一块大石头上一个坡，眼看他们抵不住了，拿破仑几乎不假思索地跑上去帮战士把大石推上坡。霸气冲天的拿破仑，并没有指使自己的随从“快给我上”，而是自己先冲上去，先行动起来。

大处着眼，小处着手这是中国的做事哲学，而拿破仑更是把这一做事哲学用到细处，并深深地影响着他的团队，感染、激励着他的将士们，也让他在历史的书卷中写下了重重的一笔。

一名优秀的领导者造就自己影响力的通常不是通过你做了多少大事，发表了多少的高论，而是通过管理中的细节：责任、风险面前自己承担了多少，荣誉、利益面前又舍弃了多少。“锦上添花的人多，雪中送炭的人少”，这是现实中人性最残酷的一面，但一位具有影响力的领导者，在团队管理上一定要多些雪中送炭，如此才能培养团队成员的忠诚度和向心力。

（2）学会优化管理，加强民主参与

一位年轻营销总监，他的团队成员执行力都很好，制定政策既快又轻松。每次制定新的方案及政策，很少看到他会神情凝重、压力重重，下属成员对他也特别敬重。

他的具体工作方法是：每次要确定政策前，他会安排一个轻松愉快的特别会议，坦率地告诉团队成员计划做一个怎样的方案，大家可以各抒己见，发表意见和建议，且他对每一位成员提出的有见地性的意见和方案均能给出及时且真诚的赞美和鼓励。会后，他会对会上的意见、建议进行整合和优化，并有针对性地在最终的定制方案中融入部分成员的意见。因此每一次方案确立后，团队成员都有一种成就感，执行起来也就表现得特别积极。

有些领导者也能做到让团队成员参与到政策的讨论中，但实际这只是个假象，因为政策之前已成型，只是在做一个样子。这种行为最终会影响队员的情绪，自然也就不会努力执行政策了。

（3）对成员的激励要到位

所谓的激励到位有三层意思：力度到位（有竞争力、有吸引力）、描述到位和兑现到位（言必行）。最应该注意的是描述到位。激励的描述要简洁易懂，最好能够形象化，这样能加强吸引力。

比如，你说“100%完成任务后超出部分按3‰提成”，就比“100%完成任务后超出部分另行奖励”更简洁清晰易懂；你说“你今年完成任务就能买一部悦动AT天窗版汽车”，要比说“你今年完成任务能拿回款3%的奖金”更形象化。

（4）团队的业绩考核要有效、公正、合理

在考核团队成员的工作业绩的时候要加重关键指标的考核权重，面面俱到只能削弱主要指标的导向作用。

尽量将考核指标定量或半定量，并且去除难以评价对错的指标，避免人为干扰。比如不设忠诚度、团队意识、创新能力、主动性等指标。有的企业设有客户项，这项指标就很难评价对错，而且可能迫使团队的销售服务人员向客户求荣，牺牲的还是企业的利益。

（5）销售经理的职责

从下图我们可以看出，销售部经理要对下属负责，与客服部经理通力合作。

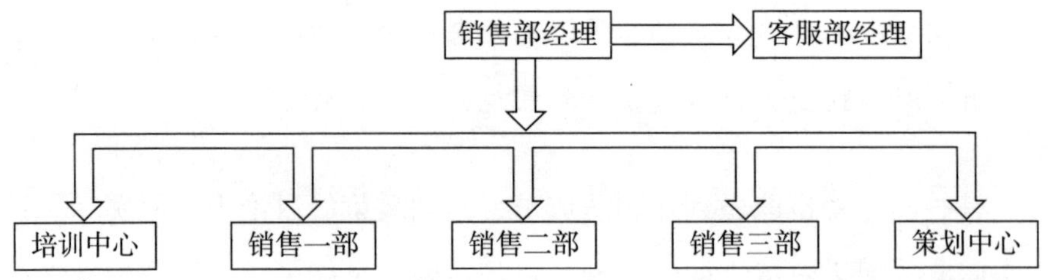

部门经理的主要职责体现在以下几点：

A. 负责部门销售人员的聘用（拥有绝对任免权）。

B. 负责销售人员的业绩考核。

C. 帮助销售人员目标设定，完成成交过程。

D. 与组织中的其他机构进行战略合作。

E. 确保下属了解与认可。

F. 奖励和惩罚，确保团队成员的业绩得到表彰、晋级。

G. 开展倡导各种促进团队士气的活动。

H. 定期举行会议，鼓励成员畅谈自己的成就、问题与忧虑。

I. 坚决支持上级的计划和目标，对上级领导要绝对拥护与支持。

J. 了解客户需求变化并及时进行改正。

K. 为下属部门或有关组织设定愿景和方向。

L. 帮助组织应对外部环境，消除负面影响。

M. 帮助开发组织政策。

4. 有效领导你的团队

销售经理的领导艺术水平的高低直接决定着企业销售业绩的好坏，在企业的销售服务质量提升中培养销售经理领导能力是最为重要和无可替代的。

那么该如何对员工进行有效领导呢?

（1）培养以服务为导向的企业文化

只有销售经理不断地改进向顾客提供销售服务的过程，才能真正提供卓越的服务。销售经理要把为顾客服务当作每天都要进行的活动。要以身作则，亲自参与服务活动，以富有戏剧性的行动来支持各种顾客服务的口号。要向员工传达正确的服务价值观。在与员工的交流中要采用双向沟通的形式。比如办公室的大门对所有员工开放，并且利用工作会议向员工提供信息，随时给员工工作指点，并及时解决销售工作中出现的问题。

（2）让为顾客提供销售服务成为团队中每一个人的分内事

企业的所有员工都应该树立一个为顾客服务的思想。领导者应该鼓励员工在感觉上和行动上就像自己是企业的老板那样来处理销售服务中出现的任何问题。要尽量把权力下放到企业的最基层——销售人员那里去。要让下面的员工知道自己的重要性仅次于顾客，相信每一位员工都有成功的潜力。

（3）有效使用权力

权力是领导的基础，实施领导的过程就是销售经理运用权力的过程。作为企业领导者更是离不开权力，没有权力就无法进行领导，也做不好管理工作。权力是组织社会实践活动的必要条件。权力作为一种强制性力量，可以使权力接受者的行为按照一定的方向发展，从而维系组织内部关系，保证组织活动能够正常进行。

权力可以使出色的领导者胜出，但是不能以牺牲销售团队成员的利益为代价。这就需要设定一个清晰的权限划分。当权力使用恰当时，它会得到员工的尊重和欢迎。

（4）与员工进行有效沟通

对销售经理来说，与员工进行沟通是至关重要的。企业的管理运营其实质就是一种思想、观点、情感和灵魂的沟通，是沟通的最高形式和内容。沟通是完成企业管理根本目标的主要方式，因为销售经理要做出决策需要从销售团队那里得到相关的信息，而信息只能通过与下属之间的沟通才能获得；同时，决策想要得到实施又需要与员工进行沟通。缺乏与员工之间的沟通会使销售经理对员工不能进行有效的管理，增大团队的资源内耗；也使得员工缺乏对团队精神的理解与共识，更不可能认同团队的共同使命、完成团队的共同目标。所以说，再好的想法，再有创意的建议，再完善的计划，离开了与员工的沟通都是无法实现的空中楼阁。

（5）既要负责，又要放手

在销售的过程中，销售经理既要对整个销售工作负责，对销售的质量提出具体的承诺，深入销售现场；又要给员工一定的自主权，赋予员工独立处理问题的权力。对员工的工作能力要坚信不疑，这样才能调动员工的工作积极性。销售经理如果想整合团队上下共同为销售工作努力，就必须对员工进行有效的领导，有效运用手中的权力，既要对工作负责，又要适当放手，避免出现“一管就死，一放就乱”。

企业领导者除了要注意做好最基本的领导工作，还有一项重要的使命就是做好员工的现场指导。现场指导能够当场发现问题并现场解决，既切实可行又十分重要。

进行现场指导主要有两个步骤：

第一步，观察情况。如果一线的销售人员正在与顾客发生冲突，您在火药味正浓的时候介入，那么就很容易让顾客产生误解。最明智的做法是花两分钟看看情况、听听意见，对所发生的事情形成一种准确的判断之后再进行第二个步骤——采取行动。

第二步，采取行动。进行观察之后，采取的行动基本有四种：

①置身事外。如果你经过细致的观察和了解觉得没有必要进行指导和帮助，就用微笑、点点头或是别的动作表示自己不干预，然后走开。如果对自己碰到的事情还是不放心，不妨问一声：“需要帮忙吗?”如果回答还是否定的，就先走开。不过可以趁机提醒员工，他可以要求帮助。

②过后再谈。你可以站在一边不管，等服务的过程结束以后，把员工叫到一边，问问当时的情况。

③打断员工。有时员工可能过于投入，看不到问题产生，看不到别

人想帮忙的暗示，或者没有意识到只是有点误会。这时，领导者就该走上前去，改变谈话的气氛和内容。

④打断冲突。当员工明显不能控制局面而顾客或员工有情绪激动的时候，就该插手收拾局面了。

总之，销售经理在必要的时候一定要亲临现场做指导，必要时采取行动，协助一线员工共同解决销售中存在的问题。

（6）成功在于态度

为什么我们还没有成功，原因在于我们缺乏成功的态度。成功的关键在于态度：勇于承担别人不愿意承担的责任；解决别人不能解决的问题；做别人不愿意做的事，并不求回报。最吃亏的事，挑三拣四不愿意做，最后自然什么也做不了。

市场是什么？人、钱、欲望。社会是什么？名、利、权。通过认识市场、了解社会，懂得自己身上的压力。作为销售人员，必须承担独立工作的压力，这些压力包括：不断遭受挫折和失败的压力；远离家庭的压力；竞争的压力；个人问题的压力。在各种压力下，要想自己具有战斗力，这就需要成功者的心态。

第二节　产品营销之道

谷歌大数据预测未来：世界 90% 的第三产业财富由眼球经济创造。其中 83% 的消费者掏钱是出于产品的宣传所传递出来的感性认知；其中 92% 是由广告或企业视频路演中获取的信息。互联网 80% 的信息将是视频，世界 500 强企业每年路演的视频占全部广告投入的 80%。

美国麦肯锡公司数据：一张图片的信息量相当于 1000 字，图片对人的影响力是文字的 6 倍；一分钟的影像信息量相当于阅读 7.2 本图片杂志的信息量，影像对人的影响力是图片的4倍。一切事情都会发生两次：一次是发生在头脑；一次是发生在现实。

1. 了解你的对手

《孙子·谋攻篇》中说："知彼知己，百战不殆；不知彼而知己，一胜一负；不知彼，不知己，每战必殆。"意思是说，在军事纷争中，既了解敌人，又了解自己，百战都不会失败；不了解敌人而只了解自己，胜败的可能性各半；既不了解敌人，又不了解自己，那只有每战必败的份儿了。

这一则兵法同样适用于营销者。在市场竞争中，有勇无谋的将领会不顾敌我实力与战场情况四面出击，而足智多谋的统帅则审时度势各个击破。营销者既要了解对手的误区，更要轻松地识破隐藏在表面现象后面的本质问题，单凭主观的猜测很可能会让自己陷入危险的境地。

一天，美国知名主持人林克莱特访问一名小朋友，问他说："你长大后想要当什么呀？"

小朋友天真地回答："我要当飞机的驾驶员！"

林克莱特接着问："如果有一天，你的飞机飞到太平洋上空时所有引擎都熄火了，你会怎么办？"

小朋友想了想说："我会先告诉坐在飞机上的人绑好安全带，然后我挂上我的降落伞跳出去。"

当在现场的观众笑得东倒西歪时，林克莱特继续注视这孩子，想看他是不是自作聪明的家伙。没想到，接着孩子的两行热泪夺眶而出，这才使得林克莱特发觉这孩子的悲悯之情远非笔墨所能形容。于是林克莱特问他说：

“为什么要这么做?”

小孩的答案透露出一个孩子真挚的想法：“我要去拿燃料，我还要回来!”

听到孩子的话，在场的人无不为自己的妄自揣测而羞愧——你真的听懂了别人的话了吗？也许这是读者在看完这个故事后首先应该问自己的问题。那么在商场上，你是不是也习惯性地用自己的思维评断对方的语言？在滑铁卢战役中打败拿破仑的英国统帅惠灵顿公爵有一句名言：“高地的那一侧到底是什么呢？我终生在猜测。”我们可以继续提问：在市场竞争中，你是否真正了解对手在做什么？

在中国汽车市场中，大众汽车作为早来者，在某种程度上引领着轿车市场前行，应该算是“知己知彼”的。然而，面对近几年中国车市急剧变化，面对多位对手强势竞争，大众显得准备不足，用大众汽车高层的话说，就是对于“入世”以来中国汽车市场的形势估计不足。

正因为估计不足，总认为自己推出的新车会畅销，结果高尔、高尔夫国际名车水土不服，途安和开迪也销量甚小；正因为估计不足，总认为自己价格是合理的，结果在市场竞争中落了个“价格偏高”的名声；正因为估计不足，稳坐轿车市场多年的老大位置摇摇欲坠……同时，正因为估计不足，没想到对手个个来势凶猛，对布局、产品、价格、服务等进行全方位优化改进……总而言之，在新竞争形势下，大众汽车既非“知己”，亦非“知彼”，所以也就难以“百战百胜”了。

2. 设法突出产品的特色

事实上，如果消费者关注的只是你的价格，就说明你的产品已经没有任何特色。聪明的营销者这时就应该设法突出产品的特色，而不是一味地在价格上做文章。

很久以前，有两个满怀雄心壮志的年轻人，一个是格林斯，一个是迈克，他们是好朋友，从小一起生活在美国西部的一个山村。

当时，这个山村非常穷，环境非常恶劣，尤其是没有水源，人畜用水都得到十几英里外的地方去弄。每天一大早，全村老老少少起来的第一件事情就是提着水桶去打水。

格林斯和迈克也每天跟着大伙去打水。每当累得直不起腰的时候，两个人就会不停地抱怨。

终于，一个挣钱的机会来了。

村里修了一个池子，可惜没有水，村长决定让全体村民去提水，每提一桶给 1 美分。

“我们去把这份差事揽下来吧，”最先知道消息的格林斯对迈克说，“这个水池经常得补充水，揽下来我们就经常有钱挣了。”

迈克表示赞同。

两个人找到村长，好说歹说，还向村长展示了他们的臂力和发达的肌肉，最后，村长同意了他们的请求。

第二天，两个人开始了工作。

他们非常激动，也非常卖力，平时只提一只水桶，这一天，他们每个人提了两只水桶，来回飞奔。

当太阳落山时，他们总共提了 100 桶水，并且从村长那里领到了 1 美元的工资。

“我们两个人一天可以挣 1 美元，已经是很高的收入了，你看别的村民，一天能够挣 5 美分就不错了。”迈克一边数钱，一边兴奋地说，“我简直不敢相信我们会有这么好的工作!”

格林斯却沉默不语。的确，在当时的美国，一天1美元，的确是相当了不得的收入了。但是，这1美元来得多么辛苦啊，他的背又酸又痛，手掌脚掌磨破了，全身的骨头如同散了架一般。明天还能挣到1美元吗?

格林斯完全兴奋不起来，他在思考着如何找一种更好的办法，让每天都可以挣到1美元甚至更多，而又不至于这么辛苦。

他把这种想法告诉了迈克。

“别东想西想啦!”迈克还沉浸在兴奋之中，“即使明天挣不到1美元，挣一半也非常不错了啊！我们是很辛苦，但慢慢地我们就会习惯的，甚至挣更多的钱。”

接下来的几天，两个人继续提水。如格林斯所预料的，他们第二天没有挣到1美元，而只挣到80美分。但也如迈克所言，他们慢慢地习惯了，有时挣得多，有时挣得少，但平均下来，一天还是只有1美元。

格林斯却依然没有放弃寻找更好办法的念头。有一天，他终于想到了：修一条管道，把水引到村子里来。

没想到迈克却说：“你做什么梦啊?我们这里有谁修管道了?再说，我们哪有钱去修所谓的管道呢?做人要脚踏实地，别老想些投机取巧的事情。”

“我不是做梦，我一定能够成功的！我可以挣很多钱。”格林斯大声反驳。

两个人争吵起来，最后不欢而散。

第二天，迈克继续给村上的水池提水，当然，他还是能挣到50美分。格林斯则开始修管道。

那个时候，还没有钢材，也没有塑胶，修管道只能用石头拼接，这可是一件非常艰难的事情，而且得花很多钱，其数目远远超出了格林斯已有的积蓄。但他没有后退，他知道自己将面临诸多困难，将经受诸多艰辛，但这一切都是值得的，因为他坚信他的回报相当可观，到时候，将有一股清澈的水通过他的管道，哗哗地流进村子里，村子里有了水，可以搞养殖，还可以种果树，那个时候，全村人都可以发家致富。

当格林斯开始凿石头的时候，消息传开了，包括迈克在内的所有村民，都在嘲笑他，说他是疯子。

格林斯没有理会他们的嘲笑，依然坚持建造他的管道。但他的生活境况越来越差，因为他的钱越来越少。他不得不节衣缩食，并且夜以继日地工作。

时光在一天天、一月月、一年年地推移，十几英里的管道，独自一个人修建，的确不容易。在这些日子里，格林斯不被人理解，承受着巨大的艰辛，承受着无尽的孤独。

管道也在不停地变长，从村里一直延伸到村外，以致人们很多天都看不到他——当然也没有人刻意要看到他，因为没有人关心他了，连嘲笑他的兴趣也早已没有了。

有一天早上，当全村老少和往日一样提着水桶，准备去提水时，却听到了哗哗的水声。人们惊诧万分，纷纷跑出家门。

他们看到了他们做梦也没有想到的事情，个个发出了惊呼。

清澈的泉水正通过疯子格林斯的管道流进村子里！已经瘦成猴子般的格林斯拄着棍子，呆呆地站在管道的出水处！

人们再也不愿意到十几英里之外去提水了。当然，他们也不好意思白用格林斯的水。最后，村长代表大家请求格林斯把水卖给要用水的人，每桶1美分。

“不用每桶1美分，我两桶卖1美分。”格林斯说。他知道，即使两桶1美分，他的收入也相当可观，全村每天要消耗500多桶水哩！

有了水，村民们的生活渐渐出现了很大的改观，他们种上了果树，并且养了很多牲口，一个曾经非常贫穷的山村一下子变成了富裕村。附近村子的村民看到这样的情况，纷纷搬迁过来，也买格林斯的水种果树养牲口。至此，格林斯每天卖出的水达到3000多桶，每天收入15美元，这相当于当时美国一个产业工人半年的收入！

尤其值得一提的是，格林斯的管道每时每刻都在流着水，无论他睡觉时、吃饭时还是周末度假时。而每一滴水，都是美元！他修了一个很大的蓄水池，人们没有来买水的时候，他就将水蓄起来待卖。

随着人口越来越多，村子变成了小镇，后来又变成了城市。格林斯成立了自来水企业，为整个城市供水，他每天的收入达到30000多美元！

对了，迈克怎么样了呢？管道修成的那一天，他就失去了工作。无法支付庞大的家庭开支，他不得不四处举债，最后无法偿还债务，妻子儿女都弃他而去，搬到了另一个城市。迈克从此一蹶不振，终日饮酒度日。

3. 寻找撬动市场的杠杆

20世纪70年代中期，索尼彩电在日本已经很有名气了，但是在美国却不被顾客所接受，因而索尼在美国市场的销售相当惨淡。

为了改变这种局面，索尼派出了新任的国外部部长卯木肇先生前往美国的芝加哥市。

卯木肇先生风尘仆仆地来到芝加哥市，令他吃惊不已的是索尼彩电竟然在当地寄卖商店里尘垢蒙面、无人问津。卯木肇先生百思不得其解，为什么在日本国内畅销不已的优质产品，一进入美国竟会落得如此下场？经过一番调查，卯木肇先生知道了其中的原因。原来企业的前任部长曾多次在当地的媒体上发布降价销售索尼彩电的广告，使得索尼在当地消费者的心目中有着低贱、次品的糟糕印象，索尼的销量当然会因此受到严重的打击。

可见，降价策略在当时的情况下是完全失败的。对于消费者而言，电视的价格虽是选择购买的标准之一，质量更不可忽视，为了图便宜而抱一台质量低劣的电视回家，可能看不了多久就出问题了，最终得不偿失。而索尼的降价行动切实给了消费者质量低劣的信息。

但是如何才能改变这种印象、改变销售的现状呢？卯木肇也一筹莫展。

来到芝加哥一个星期了，卯木肇都没有好好欣赏过这里的美好景致。一天，他驾车去郊外散心，在归来的路上，他注意到一个牧童正赶着一头大公牛进牛栏，而公牛的脖子上系着一个铃铛，在夕阳的余晖下叮当叮当地响着，后面是一大群牛跟在这头公牛的屁股后面，温顺地鱼贯而入……此情此景令卯木肇一下子茅塞顿开，他一路上吹着口哨，心情格外开朗。想想一群庞然大物居然被一个小童管得服服帖帖的，为什么？还不是因为牧童牵着一头带头牛吗！索尼要是能在芝加哥找到这样一家“带头牛”商店来率先销售，岂不是很快就能打开局面？卯木肇为自己找到了打开美国市场的钥匙而兴奋不已。

马歇尔企业是芝加哥市最大的一家电器零售商，卯木肇最先想到了它。

为了尽快见到马歇尔企业的总经理，卯木肇第二天很早就去求见经理，但他递进去的名片却被退了回来，原因是经理不在。卯木肇心想：刚刚上班，经理不可能不在，不想见我才是真的。那我就天天来，看谁有耐性。第三天，他特意选了一个估计经理比较闲的时间去求见，但回答却是"外出了"。难道说真的要学诸葛亮三顾茅庐？卯木肇不想放弃，他第三次登门，经理终于被他的耐心所感动，接见了他，但却拒绝卖索尼的产品。经理认为索尼的产品降价拍卖，形象太差。卯木肇非常恭敬地听着经理的意见，并一再地表示要立即着手改变商品形象。

和经理有了一面之缘，卯木肇开始实施他下一步的工作计划：立即从寄卖店取回货品，取消降价销售，在当地报纸上重新刊登大面积的广告，重塑索尼形象。

做完了这一切后，卯木肇信心满怀地带着刊有新广告的报纸再次叩响了马歇尔经理的门。令卯木肇意想不到的是这位马歇尔经理还是抱着对索尼横挑鼻子竖挑眼的态度：索尼的售后服务太差，无法销售。这一次卯木肇没有做过多的解释，因为他明白了他的下一步计划：立即成立索尼特约维修部，全面负责产品的售后服务工作；重新刊登广告，并附上特约维修部的电话和地址，24 小时为顾客服务。

卯木肇第三次去见马歇尔经理时，已做好了再被挑剔的准备。果然，经理再次重申：索尼在当地形象欠佳，美誉度不够，不受消费者欢迎。屡次遭到拒绝，卯木肇还是痴心不改。

为了打动这位经理，卯木肇想出了一个计策，他规定他的每个员工每天拨五次电话，向马歇尔企业询购索尼彩电。马歇尔企业被接二连三的求购电话搞得晕头转向，以致员工误将索尼彩电列入“待交货名单”。这令经理大光其火，这一次他主动召见了卯木肇，一见面就大骂卯木肇扰乱了企业的正常工作秩序。卯木肇笑逐颜开，等经理发完火之后，他才对经理说：“我几次三番地来见您，一方面是为本企业的利益，另一方面也是为了贵企业的利益。在日本国内最畅销的索尼彩电，一定会成为马歇尔企业的摇钱树。”但这位经理还是找了一个理由：索尼产品的利润少，比其他彩电的折扣少2%。正是经理的这一句话，让深谙营销的卯木肇看到了成交信号。他知道经理已经动心了，只不过给他一个台阶就行了。于是，卯木肇如是说：“折扣高2%的商品摆在柜台上卖不动，贵企业的获利不会增多；索尼产品折扣虽然说少了点，但商品销量大，资金周转快，贵企业不是会获得更大的利益吗?”在卯木肇的巧言善辩下，马歇尔企业总经理终于同意放两台索尼彩电在卖场，不过，条件是：如果一周之内没有消费者购买，就立马搬走。

为了开个好头，卯木肇亲自挑选了两名得力干将，把百万美元订货的重任交给了他们，并要求他们破釜沉舟，亲临马歇尔企业卖场促销，如果一周之内这两台彩电卖不出去，就不要再返回企业了……

两人果然不负众望，当天下午4点钟，两人就送来了好消息。马歇尔企业又追加了两台。至此，索尼彩电终于挤进了芝加哥的“带头牛”商店。随后，进入家电的销售旺季，短短一个月内，竟卖出700多台。索尼和马歇尔从中获得了双赢。

有了马歇尔这只“带头牛”开路，芝加哥市的100多家商店都对索尼彩电群起而销之，不出3年，索尼彩电在芝加哥的市场占有率达到了30%。

这是一个很精彩的案例，充分展现了索尼战将卯木肇的营销智慧以及为人处世的机变能力。从营销的角度来看，可以思考这样一个问题，为什么他能让索尼的产品在美国畅销起来？索尼产品畅销的背后是什么？

对案例进行分析我们知道，针对前任留下来的问题，卯木肇采用了两个策略，一是攻其一点，各个击破的策略。二是擒贼先擒王的策略。这两个策略帮助卯木肇打开了市场的缺口，让索尼产品在美国市场风靡起来。

首先看攻其一点，各个击破的策略。这种营销策略有点类似于拆墙，如果一面墙很结实，用力是推不倒整面墙的，然而，你找到这面墙中砖头最松的那一块，把它拆了，露出一个洞，那么，这墙就好拆了，可以把洞周边的先拆了，再把整个墙都拆光。卯木肇就是这样做的，他来到美国后，面对美国市场这个堵住的大墙，他没有在美国芝加哥市场全面铺开，大面积进行营销工作，而是采用了四两拨千斤的做法，选择一个点，在这个点中选择了一块最大的砖头——芝加哥市最大的电器零售商马歇尔企业，先把这块砖拆了，最终把整个美国芝加哥市场都拿下，取得了成功。

其次是擒贼先擒王的策略。在打开市场的缺口的时候，卯木肇还有一个值得学习的地方是寻找当地最牛的电器零售商，通过“带头牛”的示范作用，取得事半功倍的效果。古语说“擒贼先擒王”，带头的拿下来了，下面的也就不攻自破了。

这个案例告诉我们，做一个优秀的销售经理需要有策略，懂得如何去寻找撬动市场的杠杆。那么，如何做一个有策略的销售经理呢？有以下几点可以参考：

（1）掌握“望、闻、问、切”的策略

与客户交往中最难判断的是他们的关注点或利益点。如何判断客户的关注点或利益点呢？一个好的销售经理应该借鉴华佗的治病箴言：“望、闻、问、切”来弄清楚客户究竟在关注什么。

望：用眼观察客户，识别客户的层次、素质、需求、喜好等。

闻：认真倾听客户的叙述。客户没有耐心为你多讲几遍，他们也不会反复强调重点，所以，必须耐心地听，高质量地听。上面的卯木肇先生正是从经理那句“索尼产品的利润少，比其他彩电的折扣少2%”中听出了成交信号。

问：问是弄清客户利益点和需求的最直接方法，通过提问、回答的互动方式反复深入地了解客户的真实想法，从而给出客户最需要的购买建议，完成销售。

切：即实地考察客户的状况。客户的表述、回答都不一定正确，必要的时候，销售员可以实地考察客户状况，比如房屋装修，就需上门考察，再为其制定装修方案。

（2）销售引导策略

世上最难的事是什么？让别人接受你的思想。销售工作恰恰就是一个让客户接受你的思想的过程。如何让客户认同你的商品或服务比他手里的金钱更有价值，从而让他把很宝贵的金钱交给你，以换取你更宝贵的商品和服务？答案是引导客户，让客户接受你的思想。

作为一名销售员，在整个销售业务活动中一定要引导客户，使客户始终跟着自己的思路走，而切勿被客户牵着走，只有当你引导着客户，才能在销售中获得成功。

此外，还介绍一下蛛网式策略、蜂巢式策略和养鸽式策略。

蜂巢式策略。这是与蛛网式策略相对的一种策略。蜜蜂采蜜时，总是主动地四处飞奔，并且不断来回将蜜积蓄在蜂巢中。

蛛网式策略。这个名称来自蜘蛛结网，蜘蛛将网结好后，就会静静等待猎物自动送上门，而非主动去攻击猎物，“专柜销售”即是典型的蛛网式策略。

养鸽式策略。蛛网式和蜂巢式策略所做的销售多是一次性的，即客户的流动性比较大。而“养鸽式战略”最为有效。因为，此种战略乃是将客户犹如鸽子般豢养着，希望他们能忠心耿耿以鸽笼为家，并为其生蛋繁衍后代。但是，使客户心甘情愿地待在鸽笼里面是需要诱因的。比如给客户优惠的价格、周到的售后服务、各种形式的客户联络、逢年过节的问候……都是此种战略所努力的方向。

当然，销售的策略不止这些，平时要多注意向成功的销售人员请教，要成功毕竟不能单靠理论，在这个行业里，经验和能力比理论更重要。

第七章　让企业文化落到实处

【杨老师管理关键词】

企业文化执行落地

任何组织如果没有共同的精神追求和信仰，就只能是一群乌合之众，工作就会变成一种折磨。

第一节　企业越大，领导者越头大

1. 企业文化要以人为本

有一家民营企业经过数年苦心经营已经具备了相当的规模，产品畅销全国，部分还远销国外。但随着企业规模的壮大，老板张总日益感到力不从心。自己的期望、想法、思路一到往下执行就全变了样；各级之间都存在沟通障碍；员工与企业很难达成共识，员工对企业的理念、价值观没有认可度；大多数员工并没有全身心工作，几乎所有的艰辛和困苦都是老板自己一个人在扛；员工中很多是老乡、亲戚关系，裙带关系盛行；企业整个团队上千人，左看右看都像一群游兵散勇的杂牌军……

这是一个非常有代表性的案例。我前往调研后，认为该企业在企业文化建设过程中遇到了以下困惑。

第一，对企业文化建设的认识程度很低。对企业文化的认知停留在物质的表层，以为做一些公关活动、广告推广、社会公益和职工的文化娱乐活动；或者觉得统一了着装，统一了企业的标识，做了形象设计，自己就已经很“文化”了。而漠视了企业文化中最本色的部分，即企业核心理念的确立与推广。

第二，忽视了文化建设的重点是对员工的教化。虽然设计了与企业文化有关的材料，但仅仅是把它设计出来、展现出来，然后束之高阁，说得严重一点，把企业文化当作一尊佛像供奉在那里。而缺乏对员工进行深层次的教化，没有得到员工的广泛认同和接受，没有在员工心中扎根发芽，没有转化为员工真正的行动。

第三，企业文化建设中漠视人性。许多员工认为，企业的氛围不好，沟通不通畅，执行力不强……但不会深层次地想想，这原来都是文化的原因。

> 该企业在他们网站上所宣传的企业文化是：
>
> 产品文化：大胆创新，领先潮流。
>
> 员工文化：自信自强，无私奉献。
>
> 服务文化：消费者的需要是企业服务的方向。
>
> ……
>
> 而我在厂区观察到的情况却是：全企业近千人只有一个公用厕所，建在离员工密集的厂区还有近百米的距离，而且很简陋，稍一靠近，就闻到刺鼻的异味……其他有待改进的地方这里不多说，可

见企业对于员工人性关怀的重视严重不够。

一个成熟健康的企业文化是以人为本的。这种漠视人性关怀的做法是对社会不负责任的。

2. 企业文化的核心和误区

(1) 核心：精神文化

企业文化是什么？企业文化有四个组成部分。请看下面企业文化结构图。

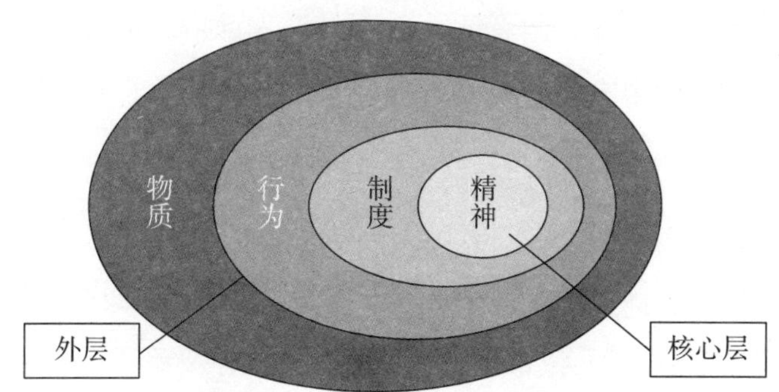

由上图可知：企业文化的核心层是精神文化，表层是制度文化，浅层是行为文化，外层是物质文化。本书无法从这四方面都展开论述，我化繁为简，将它一分为二：企业文化的核心层是精神文化，它是无形的，即务虚；企业文化外层是制度、行为、物质文化，包括企业所有的规章制度，员工行为规范要求，看得见的工装厂服形象标识以及企业的工资福利待遇等，它们都是有形的，即务实。

在企业培训中，很多朋友会问我一个问题：企业管理是该务虚，还是该务实？

光务虚肯定是愚弄员工，叫愚民政策，不可取；光务实却是误导员工一切往钱看，结果是员工一味地跟企业谈价钱、讲条件，变得唯利是图、自私自利，叫误民政策。因此，光务实也不可取。企业管理既要务实，也要务虚，两者缺一不可！根据“阴阳反成大道”思想，请看下图。

管理中务实与务虚，两者的关系不是谁先谁后、谁有谁无，也不是谁大谁小，而是你中有我、我中有你、互动互补，也是相辅相成、相反相成的。

（2）误区：只懂务实

遗憾的是，中国市场经济走过30多年来，企业经营管理务实的部分一直没有松懈过，而务虚的部分却几乎就没有被重视过。过去的几十年来，我国的经济状况不太好，全力抓物质文明建设没有错。今天，温饱已经不再是问题了，如果我们还不及时将精神文明建设补起来，就不仅仅是误民了，而是把自己都给误进去了。导致的管理困惑是：整个团队做起事来就是没态度、没状态！

先看没态度，这是很多企业的致命内伤。员工总会这么想，反正为老板做，为企业做，为主管做，我是打工的，有工作我就干，没工作更好，反正工资少不了；甚至出工不出力，就算出力也不用心，做起事来心不甘情不愿，整天跟老板搞内耗，还抱怨企业不加工资……

再看没状态。什么是真正的状态？

在部队，一位连长接到上级命令，要攻下六号高地，肯定会信心十足地告诉战士，兄弟们，今天我们一定要攻下六号高地！这样，首先是鼓舞了大家的士气。可是，在企业里面，我们却经常看到这样的现象，销售部李经理本月销售目标是要达成200万元，而李经理连自己都没有信心，回到部门面对下属的时候，他就会犹豫：今天接到上级指标，要我们本月达成目标200万元，伙伴们，我们能拿的下来就拿，拿不下来就算了。要是这样的士气，能达成目标吗，能打胜仗吗？很难。就算达成目标，也是侥幸。

有的主管更加过分，直接跟老板唱反调：老板站着说话不腰疼，200万元，他倒是说得轻松，也不管我们死活，伙伴们，我们能拿的下来就拿，拿不下来就算了。这样的主管，你怎能指望他带好员工？就更加别指望他能战胜困难完成更艰巨的任务了。

（3）在管理中要懂得务虚

在企业中，此类的管理困惑俯拾皆是。如何破解这些困惑？我们不妨看看前辈是怎么做怎么说的。

在2009年CCTV中国经济十年10大商业领袖的颁奖典礼上，张瑞敏接受记者采访时说：“我在多年的企业管理中体会到，企业资产表中的有形资产都不能增值，真正能让资产增值的是人力资源这个无形资产。如果把人力变成资源而不是负债，企业一定会充满活力。凡是能够永续经营、充满活力的企业，都会注重发挥人的积极性，而发挥人的积极性必须靠企业文化。”

在这段话中，张瑞敏所说的“企业文化”，指的是企业文化的核心层——精神文化，即务虚的部分。精神文化是企业的灵魂。它在企业管理中有多重要，从下面两个地方的故事，便可见一斑。

第一个地方房子装修得豪华漂亮，电脑、电话等现代办公设备样样齐全，人们在里面忙碌地工作，并一直在尝试着各种科学的管理方法……在这里，老板给人们发工资、奖金、福利……可是，我们却很少听到有人感激发工资的老板和管理的主管。这里的人们老是感觉自己做得多，拿得少；这里的人们老是有很多冲突和矛盾；这里的人们老是觉得苦恼和痛苦……这个地方就是我们每个人所处的企业。

第二个地方没有现代化的房子，没有现代化的装修，也从来不用去招工，可是来这里的人络绎不绝，而且来的时候还带着庄重、虔诚的感情，礼貌地行走，庄重地说话。这里也没有条件给人发工资和奖金，可是人们不但不索取钱财，还毫不犹豫地施舍钱财；这里也没有什么花样翻新的科学管理，可是人们还对这个地方顶礼膜拜……这个地方就是寺庙。

为什么这两者间会有如此大的差别呢？根本原因是人们的精神与信仰。

一代管理宗师彼得·德鲁克说过：任何组织，如果没有共同的精神追求和信仰，就只能是一群乌合之众，工作就会变成一种折磨。所谓的科学管理，最多也是延缓死亡的“安慰剂”。

那么企业中的精神与信仰是什么？那就是企业的核心理念。核心理念是企业文化的灵魂，也是任何一家企业中整个企业的灵魂，是企业中所有思想、行为、制度等的统帅和总纲领。核心理念在管理中发挥着怎样的作用呢？

众所周知，员工团队是靠核心团队来驱动的，核心团队即干部团队。那核心团队又是靠什么来驱动？是钱吗？不是。经过长期对世界

500 强企业的研究，特别是抽出了前 18 名的企业，再对照与他们同期的一般的企业，比较研究后，我从中发现：核心团队主要是为核心理念驱动，而不纯粹为利润目标驱动。这个结论颠覆了很多领导者内心深处、根深蒂固的传统观念。

追求利润只是目标之一，超越利润的追求是企业核心理念。利润是企业生存的必要条件，而且是企业要达成目标的必要手段。为了更好地理解这点，可以打个比方来说明一下。请问，人要生存需要哪些必要条件？氧气、食物、水源……这些东西都是生命存在的必要条件。那么人活着，难道就是为了氧气、食物和水吗？显然不是。而企业的利润就好比氧气、食物和水，它是企业生存的必要条件，但一定不是目的，高于利润的真正目的是企业核心理念。

第二节　为企业的精神文化建设添砖加瓦

1. 核心理念的制定要注意什么

核心理念 = 核心价值观 + 使命。核心理念是不能创造和发明的，你只能去发现和提炼。理念的制定不是来自于对外部环境的观察，而是来自于内在的审视。理念必须是真实可信的。

不要问“我们应该拥有什么核心理念”，而应该问“我们真正拥有什么核心理念”。人们必须带着强烈的热情，深层次地去理解拥有的核心价值观和核心使命，你认为企业应该拥有的价值，但又不能肯定是这个企业现有的，就不能把它作为真正的核心价值。更准确地说，这样的愿望应该是你未来前景或战略的一部分，而不是核心理念。

核心理念起的作用是引导和激励，而不是去区分。两家企业完全可能拥有一样的核心价值观或使命，问题的关键是谁能去坚守它。

> 许多企业都可以有“做出技术贡献”的使命，但很少企业像惠普那样积极地去实现它。许多企业都可以有“全心全意为顾客服务”的使命，但很少能像诺斯通那样围绕这个价值创造出高度教派般的文化。许多企业都可以有“创新”的使命，但很少企业像3M那样创造强有力的配合机制去激励创新。

区分优秀企业与一般企业的不是核心理念的内容，而是核心理念的真实性、纪律性、一贯性以及他们配合的程度。就像是让你更与众不同的不是你信仰什么，而是你相信的程度。当你深深信仰一种东西时，你就会长时间地保存它，而且会以同样的方式把它融入到你的生活中。

核心理念要对企业内部的人有意义，有激励作用，而不需要让所有的外部人为此感到振奋。只有企业内部的人才需要核心价值观的敦促，并激发其长期为企业的成功服务的热情。核心理念对企业外部人的影响相对次要，因此不能成为确认核心理念的决定因素。因此，核心理念起到了区分企业内部人和外部人的关键作用。一个表达准确的理念会吸引有同样价值观的人来到这家企业，同时，排斥与之相反的人。

不能把新的价值观和使命“安装”到人身上，核心价值观和使命不是什么可以让人批量买进的东西。人必须本来就有能够接收它的素质。我们只能去寻找，去吸引，去留住易于接受我们核心价值观、核心使命的人才，并让不易于接受我们核心价值观的人另谋高就。

阐明核心理念重点是要抓住实质，要抓住核心价值观和核心使命的精髓，而不是为了载入史册写出咬文嚼字的完美宣言。

核心理念是企业出于自身发展的需要，它不需要理性和外界的肯定，也不会随着趋势和流行而摇摆，甚至不会跟着市场变化而变化，它可以历经时间的考验。它甚至可以100年不变。

企业	核心理念	制定时间与倡导人	持续时间
惠普	给我们从事的领域贡献技术（我们企业存在的目的是要做出贡献） 尊敬惠普人并给予他们机会，包括共享企业成功的机会 对我们所在的社区奉献与负责 提供客户负担得起的高品质产品 利润与成长是使所有其他价值观与目标可能实现的手段	1938年 帕卡德	76年
强生	企业存在的目的是要“减轻病痛” 我们的责任层次分明：客户第一，员工第二，社会第三，股东第四 根据能力给予个人机会与报酬 分权＝创造力＝生产力	1886年 罗伯特·约翰逊	128年
默克	我们的事业是保护人类健康，提高人类生活质量 恪守诚信，坚持最高标准的商业道德操守。致力于前沿科学研究，以我们的研究改善人类的生活质量 必须通过满足客户需求和有益于人类社会的方式获得利润 追求卓越，竞争性地满足社会和消费者的需求 成功取决于员工的正直、知识、创新、技能、多元化、团队合作	1935年 乔治·默克二世	79年
宝洁	产品完美 不断自我提高 诚实与公平 尊重与关心个人	1859年 普洛斯特/盖姆	155年

由于中国当代市场经济才30多年，暂时难以看出哪一家企业的核心理念能走过100年不变。但是，在西方市场经济走过几百年的历程中，我们可以看出：企业的核心理念一旦在企业制定后，就指引和激励着团队为之奋斗不止，延续上百年而不轻易改变，也不会随着趋势和流行而摇摆，甚至不会跟着市场变化而变化。

在管理界，瑞士钟表业有句名言“企业永远不变的就是随时要变”。运用“阴阳反成大道”思想，我们重新审视一下，它对与不对？很明显，它只说对了一半。根据阴阳互动、阴阳互补原理，企业中有变的一面，就一定有不变的一面。变的是企业的经营思路、策略、做法等，不变的是核心理念。

当然，在今后的管理中，领导者如何将这些思想多方面运用，甚至再创造，那就仁者见仁、智者见智了。我只能倾微薄之力，抛砖引玉而已。

2. 如何让企业文化更好落地

精神文化如何落地？我将这么多年来，辅导很多企业的一些具体操作办法给大家作参考。

第一，工厂、办公室、文化墙布置及办公桌上张贴企业核心理念。

第二，把宣读企业核心理念列为企业会议的常规程序（会前、会后高喊）。天天喊，天天念，深入骨髓。当核心理念深入到员工的潜意识时，再让他去违背或者触犯它比较难，长期坚持下去，老员工甚至会主动纠正新员工不符合企业价值观的行为。

第三，将企业核心理念的教导贯穿在整个新人培训与后续培训计划中。具体方法：首先收集与整理出企业内部符合企业价值观的经典案例和典型个人，成立案例库，编写教程，作为新员工入职培训的第一堂课。如何收集案例：举行围绕企业核心理念的有奖征文竞赛。比如：自由命题，题材不限，但是必须来自企业的真人真事，中心思想必须围绕着能够体现企业核心价值观，等等。然后进行企业核心理念的培训，一定由资深的企业元老负责授课，它不是简单的知识传授，而是感情、信仰的灌输。

第四，企业内或部门内随时抽查。抽查方式可以多样，比如业务培训会中随时抽查、有奖问答、书面问答、抽奖等。

第五，招聘时，将企业核心理念制成易拉宝，用以吸引同时也是筛选认同企业价值观的新员工。从员工入职起，从不间断地塑造员工的价值观；并且，干部的晋升严格遵循由内部逐级提升的原则。

第六，宣扬模范人物和模范事迹，组织员工持续地、不定期地举行先进事迹、先进个人的分享会。比如将先进个人和事迹的分享列为例会的例行程序之一，天天讲，月月学；每年评出“感动××十大人物”（每一个都是从不同层面和角度遵循企业价值观的典范），并在宣传栏张贴模范人物的画像与故事；发动客户举荐榜样，并且邀请客户写表扬信予以张贴；设立企业名人录，等等。

第七，隆重奖励符合企业价值观的模范个人和模范事迹，方法有设置月度年度的例行奖励，奖励以荣誉为主，什么价值观就可设什么荣誉奖励，比如倡导快乐奋斗，就设“微笑天使奖”；倡导服务第一，就设“最佳委屈承受奖”；倡导忠诚，就设“忠诚卫士奖”；倡导奉献，就设“老黄牛精神奖”；倡导挑战，就设“业绩冠军奖”，等等。奖励以及庆祝的方式一定要隆重，要注意技巧，例如员工大会时大造声势地公开表扬；一定要有鲜花、掌声、荣誉证书或者奖杯；主持人煽情；背景音乐制造氛围等。

第八，用明显、有形的惩罚方式，惩处逾越价值观的员工。惩罚方式有降职、换岗、乐捐、记过、通报批评，甚至开除等。

第九，设立“特别工作日”。比如基层工作日，每月选出一天，到基层工作；家庭日，周六设为家庭日，可着便装，甚至上班时间比平时稍晚；亲人日，不定期举行携带家人在企业联欢、聚会、外出旅游等。

第三部分

基业长青：为企业家解决发展的后顾之忧

家庭是企业成功的基本要素，家庭关系和谐是非常关键的一点，只有以良好的家庭关系作为后盾，才可以奠定企业发展的基础，孩子在你企业发展时也是我们必须要考虑到的因素。为企业家打造优秀的二代接班人，并着力为企业家打造良好的家庭氛围，为企业家解决发展的后顾之忧，真正帮助企业实现基业百年。

第八章　经理人与企业治理

【杨老师管理关键词】

胆识、见识、学识

第一节　职业经理不职业，怎么办

真正的职业经理人会全力维护自己的职业品牌，他知道，只要“臭”过一次，就会在职场上永远“臭”下去。

1. “学历门”带给经理人的思考

2010 年 7 月 1 日晚上 8 时 20 分，曾创办中文网、第一个学术打假网站的科普作家方舟子一连在微博上发出 21 条信息，把矛头指向新华都集团总裁兼 CEO、著名的“打工皇帝”唐骏。

在这一系列微博中，方舟子针对唐骏在《我的成功可以复制》一书中透露的其个人学位、求学及工作经历，提出了多个质疑，并出示了部分查证证据，论述唐骏的“加州理工学院博士学位”是假的。

唐骏“学历门”事件引起媒体的广泛评论，其中网络上有段精彩的概括：如果这件事发生在美国，他要辞职，美国人看重的价值观是诚实；在日本，他要谢罪，日本人看重的价值观是担当；在中国，他要狡辩，中国人的价值观是“他的事跟你有什么关系”。

从“学历门”之后的争论看来，在中国，至少一半以上的人都觉得只要赚到钱且不触犯法律，我做什么，你管得着吗？

唐骏事件所引发的信任危机，人们质疑的是他的诚信，而非他的能力。对于唐骏这种知名度如此之高的经理人来说，经历“学历门”事件，他的美誉度会大打折扣，他事业上众多的光环也会因此黯然失色。

> 7月11日中午，方舟子再次更新自己的新浪博客。在博客中，方舟子除了要为唐骏说几句“公道话”外，还表示自己无意将唐骏批倒搞臭，“不过是希望中国社会能多一点诚信，希望年轻学生不要盲目崇拜‘成功人士’，也希望职业经理人能更敬业一些。”

不管唐骏“学历门”事件的结果怎样，或者人们永远无法了解事情真相。但这个事件却引发了人们的思考，连唐骏都造假，那在中国企业中还有多少知名和不知名的经理人在造假？归结为一句话：中国的职业经理人，不够职业！

2. 中国经理人离职业化还有多远

职业化训练，近来成为国内企业和管理界的热门话题，不是因为它是一种新的事物，而是因为它的缺失。中国的人才在专业水平和工作能力上并不比国外差，但在职业化素养方面却欠缺很多。缺乏职业化将会是中国企业走向强大的最大障碍。

根据世界银行有关统计，目前中国企业的效率是美国的1/25，是日本的1/26，为何中国与其他国家有如此大的差距？其根本原因就是中国的企业和员工目前还不够职业化。打个比喻，这种差别就好像业余球队和职业球队，一群业余球员和职业球员比赛，结果自然不言而喻。一般情况下，一个员工只能发挥自身能力的40%～50%；但如果这名员工能够受到良好的职业化素质教育，或者自身具有良好的职业操守，那么他就能发挥其能力的80%～90%，从而既提高了工作的效率，也提升了他个人的职业竞争力。如果民族工业企业都具备良好的职业化素养，整个国家的综合竞争力都会有所提升。

是什么造成这一巨大差距？原因是多方面的，我们来看看相关的数据。发达国家的企业非常重视职工的职业化培训，把教育培训看作是获取与保持企业竞争力的一项具有战略意义的人力资源活动。在美国的企业中，每个雇员平均每年须接受15个小时的教育培训，小公司的教育培训费用是每年平均21.8万美元。目前，已有包括麦当劳、肯德基在内的1200多家美国跨国公司都开办了管理学院；GE公司每年投入培训、教育的经费高达9亿美元，董事会不惜花费大量时间投入人力资源管理，包括亲自授课。

日本一般的新人入社教育要持续1～3个月，每天都吃住在饭店，公司在每个新职员身上平均花费高达400万日元，可见日本公司对员工培训的重视程度。在日本企业中，不管是学士、硕士还是博士，都要从零开始参加新人职业培训。日本三菱化学株式会社的每个新员工进入公司，都要学习公司办事流程，要非常清楚自己的上级是谁、如何汇报工作、通过什么渠道汇报工作等。员工只有通过了职业化教育和试用阶段，才能安排正式的工作岗位。

在我国，2009年8月底，国务院法制办公室日前公布的《职业技能培训和鉴定条例（征求意见稿）》中提出，用人单位应当按照职工工资总额的1.5%～2.5%提取职工教育培训经费；同时，用于一线职工教育培训的经费不得低于本单位职工教育培训经费总额的70%。

最近，上海某区的企业联合会与区人保局、区总工会合作，委托高校研究机构对区域13家企业和50位职工进行了“企业劳动关系评价研究”课题调查，结果显示，在培训费用的投入方面，参评的企业基本都不达标。对比一下，而美国、日本、欧洲的企业在员工培训上的投入，早已经都达到了工资总额的2%～3%的水平。

从这些数据可以看出，我国企业对员工培训的投入相对不足，加上经理人自身职业化修炼也比较缓慢。所以中国企业的职业化管理任重而道远！

第二节　什么是职业化

掌握职业化的概念之前，我们先来认识职业化的作用。

1. 职业化的概念和作用

职业化的作用体现在，工作价值等于个人能力和职业化程度的乘积，职业化程度与工作价值成正比，即：工作价值＝个人能力×职业化的程度。

如果一个人有100分的能力，而职业化的程度只有50%，那么其工作价值显然只发挥了一半。如果一个人的职业化程度很高，那么能力、价值就能够得到充分、稳定的发挥，而且是逐步上升的。如果一个人的能力比较强，却自觉发挥得很不理想，总有“怀才不遇”的感慨，很可能就是自身的职业化程度不够高造成的，使得个人的工作价值大为降低。

所谓职业化，就是在职场中按照一定规范进行所有工作和活动的总称。职业化程度高的人叫职业人；职业化程度高的经理就叫职业经理人。职业化的内容具体讲包括职业化行为规范、职业化技能和职业化素养三个部分。

所谓职业行为规范，包括职业形象、礼仪、行为准则等。比如，你一上南方航空的航班，向你迎面走来的南航空姐立刻给你强烈的视觉冲击：热情的笑脸和问候，大方得体、整齐划一的职业装，训练有素的导位，上茶上水等，这都是职业行为规范。

所谓职业化技能，就是具备从事该职业所需的技术、技能。通俗地说，就是像个做事的样子。当你生病了，去到医院看医生，你会很信赖地遵从医生的嘱咐，当然不是因为医生穿着洁白的职业装，你就信赖他，而是他坐在这个岗位，就已经具备了专业的医疗技能技术，取得了医生执业证书。

职业素养是职业化中最根本的内容，如果我们把整个职业化比喻为一棵树，那么职业化素养则是这棵树的树根。职业素养包括了职业道德、职业精神、职业态度三部分重要内容。在这里重点向大家探讨这一部分。

2. 职业道德

关于职业道德，请看以下案例：东航云南分公司发生 3·31“倒飞”事件。

2008 年 3 月 31 日，中国东方航空云南分公司从昆明飞往大理、丽江、西双版纳、芒市、思茅和临沧 6 地共 14 个航班返航，航班飞到目的地上空后，乘客被告知无法降落，又都飞回昆明，这导致昆明机场更多的航班延误。

东航方面给出的解释是“因天气原因”，而同一天飞往上述地区的其他航空公司航班则正常降落。据东航的一名工作人员透露，航班集体返航事件诱因是两天前在飞行员的宿舍流传的一封公开信，信中列出4条飞行员“应该警醒”的理由，提到该公司待遇低、机师跳槽还遭遇天价索赔等。由于事件影响颇大，中国民用航空局于4月1日召开了紧急会议，要求各航空公司派出专人做好飞行员的思想工作，并表示要对此次东航“返航事件”的带头人给予严厉处罚，最高可至终身停飞。

“倒飞”事件从本质上讲是飞行员市场化和航空公司管理行政化之间的矛盾，这里不作评论。我们重点来看的是，“倒飞”飞行员的行为击穿了职业道德的底线，是对于商业规则和职业道德的蔑视，其性质十分恶劣，“挟乘客以逼公司”，拿顾客的人身安全开玩笑。

真正优秀的职业经理人，即使在老板对不起他的时候，仍然会为维持个人的职业品牌而忍辱负重。不管什么原因，职业经理人都不能伤害他所服务的企业。真正的职业经理人会全力维护自己的职业品牌，他知道，只要“臭”过一次，就会在职场上永远“臭”下去。

这一事件反映出有关飞行员的职业素质和职业化水平太低，必然遭到惩戒。这同时也反映出在我国进行全社会的职业化建设仍然任重而道远。

3. 职业态度

职业态度，对于个人而言，就是不以个人情感来对待工作，而是坚持职业操守，按照行业的标准和规范进行自我管理和自我约束。

有这样一个故事，一个小和尚担任撞钟一职，半年下来觉得无聊至极。有一天，主持宣布调他到后院劈柴挑水，原因是他不能胜任撞钟一职。小和尚很不服气地问："我撞的钟难道不准时、不响亮?"老主持耐心地告诉他："你撞的钟虽然很准时、也很响亮，但钟声空泛、疲软、没有感召力。钟声是要唤醒沉迷的众生，因此，撞出的钟声不仅要洪亮，而且要圆润、浑厚、深沉、悠远。"

小和尚每天撞的钟都很准时、也很响亮，但他是在应付工作，他并未用一种职业化的态度来撞钟，因此钟声空泛、疲软、没有感召力。小和尚缺乏的就是一种职业化态度。职场中的人们大多也具有小和尚心态，每天都能按时上下班，遵章守纪，看似兢兢业业，但并未用心对待工作，总是在应付了事。

有一次，我来到一家餐厅用午餐。第一盘菜上来后，我一看，有点失望，就问服务员："怎么没有放点蒜蓉来炒呀?"这名服务员立刻就反驳："我们炒菜都是不放蒜蓉炒的。你这人怎么那么多要求?你爱吃就吃，不爱吃上别家去……"

我才问一句话，立刻就像捅了马蜂窝，挨了三句反驳。分析一下她的话，第一句我们不放蒜蓉是理所当然的，第二句对客人进行人身攻击，第三句撵客人走。她这一反驳还真管用，我闭嘴了。我心里明白，如果我再搭话，立刻又会轰过来三发炮弹，省点心算了。如果换了另外一个脾气暴躁的客人，将会是什么结局?也许就吵起来，闹起来，甚至打起来了。

客人来消费，掏了钱，图个心里舒畅，可是遇到这样的员工，哪个客人心里舒畅得起来？

咱们中国人有个特性，就是喜欢讲道理。不管是什么乱七八糟的理由和借口，只要讲出来，就是自己有理；以为驳倒了别人，别人就错了，自己就对了，自己就赢了……殊不知，客人此时只会想一件事：以后永远也不来了。正所谓赢了道理，输了里子。训练有素的职业化服务员会如何应对客人的诉求？她会笑脸迎上来，鞠躬说："先生，你喜欢吃蒜蓉炒的菜，那需要不需要我端回去给厨师放点蒜蓉再炒一次？"此时此刻，不管是什么客人，气都消一大半了。

这是由于我们员工的自身素质以及思维中的某些劣根性导致的职业态度严重缺乏。大家可以想象一下，在广大的基层作业队伍中，这样的人，这样的事还有多少？他们每天在得罪客户，流失客户，断送生意。

新东方学校校长俞敏洪对2009年大学生谈就业时说过："一个大学毕业生来到新东方工作，先让他去打扫卫生间，如果他同意了，我心里会有一点感动；如果打扫得干净，我会让他管理所有打扫卫生的员工；如果管理得好，我会让他做后勤行政副总裁；如果后勤做得出色，等我退休了他就是新东方的总裁。"能将打扫卫生这样一件普通的小事做到极致，体现的就是一种职业化态度，它反映的是我们对待工作的一种态度和责任。

职业化要求的是"勿以事小而不为"，即使是不起眼的小事，也需要我们用心将它做好，力求精益求精，尽善尽美。需要我们每个人从点滴做起，本着强烈的责任心和使命感，在普通岗位上将自己的能力发挥到极致，通过小事来体现我们的职业素养和职业操守，在平凡中彰显伟大。"一屋不扫，何以扫天下"，小事都做不好的人，何以能成就大业？切莫"做一天和尚撞一天钟"。只要我们用职业化的标准来要求自己，成功就不怕起点低。

4. 职业化精神

职业化精神是一个人在自己所从事的职业活动中所表现出来的价值观与态度，是人们内在的精神动力。一个人是否具备职业化精神，最基本的表现首先是不折不扣地完成自己的本职工作。

小敬是一名地道的“90后”，念完技校就出来工作了。从2010年的新年过完到9月，转眼就换了7份工作，平均一个月换一份工作。如此频繁地换工作，导致他连赚够自己的生活费也成问题，小敬的父母不再寄钱给他花，他就四处借钱，周围的亲戚朋友几乎都被他借遍了。

我就问小敬：“是什么原因让你老是换工作?”他告诉我说：这家公司工作时间太长了；那家公司工资太低了；这家公司做的产品化学味很浓，怕中毒；那家公司学不到技术……

我接着问：“你这样跳来跳去，连自己都养不活，咋办呢?”他无所谓地笑了一下：“就借呗。”看着这个20岁出头的小伙子，身强力壮，满脸的稚气，我心里是说不出的难受。我想不到的是，“就借呗”这句话他可以说得这么轻巧，因为这句话他已经习以为常了。

而对于任何一个人来说，借钱过日子是最难开口的事，天灾人祸除外。他也不会去思考，他这一连串的跳槽给七家公司甩下了一堆的麻烦：公司的招聘和培训费用白费了；员工流失频繁造成负面影响；刚接上的链条突然又断了还得继续招人……

我很严厉地对他说：“哪怕你做乞丐，如果能做个三五年，我也尊重你，因为证明你有恒心要做点事。但是，你半年时间就换了七份工作，我不会听你所谓的理由与借口，我只会蔑视你。因为你压根儿就没想过要做事，注意力全部放在工作之外的东西上：好不好玩呀，舒不舒服呀，钱多不多呀……

“请记住，年轻人，这个世上不存在工作好不好，只有人好不好。人好，工作自然不是问题；人不好，什么工作都不好。”最后，我给小敬甩下了很重的一句话。

任何职业都倡导四大精神：敬业、忠诚、诚信、团队。

关于敬业。孔子说“执事敬”，朱熹说“敬业者，专心致志，以事其业也”，这就是敬业，敬业是职业化的起点。一览英才网职业生涯研究中心的卢先生提到：“敬业要求我们专注于自己的职责，扎扎实实地完成自己的本职工作；敬业就是做一切有利于工作的事，把工作超越于谋生的层次，升华为实现自我价值的途径；敬业就是做事一定要全力以赴，敬业者永远水到渠成；敬业就是关注每一个关键的细节，创造性地解决各种问题。”

关于忠诚。关羽是忠诚的化身，也是中华民族忠与勇的典范，受到祖祖辈辈的尊崇和爱戴；相反的是，吕布却是被人唾弃的对象。

张飞与吕布一对阵，就骂吕布“三姓家奴”，把吕布气得快吐血。吕布本身姓吕，父亲早逝，认荆州刺史丁原为义父。丁原待他不薄，倚为股肱。然而，吕布见利忘义，寡情负恩，董卓用了一匹日行千里的赤兔马，一千两黄金，数十颗明珠，一条玉带，便令吕布动了心，杀了丁原，取其首级，投降董卓，拜为义父。天下第一好汉卖身投靠，使奸贼董卓如虎添翼，更加飞扬跋扈。

为诛灭董卓，司徒王允抓住这对父子同样好色的特点，设下连环计，将歌伎貂蝉同时许给董卓和吕布，使父子两人陷入争夺美女的圈套。“凤仪亭”一折，父子的矛盾加深了。董卓无情，竟向吕布掷戟。而这个吕布，为了一名歌伎，也不惜与义父反目，杀了董卓，夺回貂蝉。这便是“三姓家奴”的真面目，意在讽刺那些不忠不孝之小人。

关于诚信。所谓“人无信而不立”，诚信是古老道德文明的基石；诚信也是市场经济的行为准则，是企业实现持续发展的根基；诚信也是职场人的行为准则。

在当前中国人不诚信、中国企业不诚信、职业经理人不诚信的大环境中，和大家分享一个故事，值得大家去参考和借鉴。

有一个经理人把一个很烂的企业做大，但这家企业的老板对他“剥削”得很厉害，作为一个副总裁，老板只给他 20 多万元的年薪，可以说这个经理人在企业里吃够了“亏”。

但是，当他后来进入到另外一家企业，由于前面积累了宝贵的经验，人品又很好，马上获得了一个 100 万元年薪的职位。因此，各位经理人，不要有太多急功近利的想法，学会耐心，敢于吃亏，一步一步往前走。

中国古语说：“能用众力者无敌于天下，善心可以做好事，齐心可以做大事。”富兰克林 · 罗斯福说：“团队行动者可以完成单个行动者永远也不敢奢望的事情。”这就是团队，团队精神是职业化精神的核心。一个团队，如果下属不能无条件地服从上司的命令，那么在达成共同目标时，则可能产生障碍；反之，则能发挥出超强的执行能力，使团队胜人一筹。

第三节　经理人在职业化中的障碍以及对策

1. 是什么影响了职业化的进程

“汽车很快就要到站了，请乘客们站在候车区内，先下后上，有序乘车。请为老、弱、病、残、孕让座。”这是我们坐公共汽车时经常听到的话，却很少在英国、德国、日本听到。

在购买火车票或者办理退票时，总会有个别人不顾排队的长龙，直接横插到柜台前，不考虑别人的感受，也不理会别人的白眼，我行我素，为了一己私利就破坏规则，破坏纪律。与之形成鲜明对比的是，我在别国办理登机时，几乎不会看到这种插队的现象。很明显，这是不同人群素质不同的原因。我想，那些在火车站插队的人来到机场也应该守秩序吧。因此，我认为要提升国民素质，除了加强对这一部分人的素质教育之外，同时应尽可能营造更好的环境和氛围，当然机制和监督是必不可少的。

2010 年上海世博会，据报道，很多展馆都要排好几个小时的长队。为了更好地疏通观众，展馆门前的栅栏几乎都是回字形的通道，尽管门口就在眼前，人们还得耐着性子跟随队伍绕圈圈。这时候，就有个别人一个鱼跃就翻过了栅栏，挤到了队伍前面，立刻引起后面人的不满：“不要插队呀！”可是，插队的人除了低下头不予理会之外，并没有道歉或者羞愧的意思。这个问题就很严重了。这不是某个人的问题，而是某一群人的问题，众目睽睽之下，肆无忌惮，冒触犯众怒之大不韪，这是需要相当的“勇气”的。我想这种“勇气”也不是瞬间爆发的，而是冰冻三尺非一日之寒。在从小的家庭教育中，就受到误导；或者在学校教育中，没有受到很好地引导。

日本、英国、德国的员工将遵守秩序、认真负责融入了自己的血液里，成为了一种习惯，也带到工作岗位上去了。中国的员工把不守秩序、不认真负责的习惯带到工作岗位上去了，成为职业化的巨大障碍。

这种员工进到企业中，大概会是什么表现呢？目无纪律和制度，没有团队意识，缺乏团队精神，把个人利益凌驾在集体利益之上，是我们职业化进程的最大隐患。

针对这一障碍，有如下对策。

第一，以身作则，自己先职业化。常言道：上行下效，上梁不正下梁歪。主管首先要做出表率。

鲁冠球是知名的企业家。他的成功不是偶然的，对于自己的成功，他有句名言："每一天要做一件实事，每一个月要做一件新事，每一年要做一件大事，一辈子要做一件有意义的事。"可见，鲁冠球首先是对自己严格要求，然后再要求下属。

行为学家经过无数次的测试发现一个规律：上司做到100%，在榜样的力量下，主动的下属能接受到的一般是80%。这一规律告诉我们：要求下属100%职业化，那么主管就得超过100%的职业化。

第二，身先士卒，严格要求。员工不会自动自发地进行职业化，除非主管严格要求。换句话说，员工的职业化程度如何，关键在于主管履行职责的程度如何。所有要求员工职业化的都应该纳入到该主管的考核范畴。

第三，加强监督，强化训练。我国社会和企业迫切需要尽快普及职业化教育，其中职业化素质这一课，必须常抓不懈。只有将训练进行到底，才能使企业员工从非职业化的散兵游勇变成职业化的正规部队。从而强我国民，强我民族，强我企业，强我国家。

“上有政策下有对策”的现象却时有发生。

据中央人民广播电台报道，最近，广西河池朝阳煤矿突击提拔了7名矿长助理下井带班，而包括矿长、副矿长在内的5名主要领导却稳坐在办公室里。

这突击提拔的用意再明显不过，只为应付国务院要求煤矿和非煤矿山领导带班并与工人同时下井、升井的23号文件。这正是所谓的“上有政策、下有对策”。这样的现象在我们身边发生得还少吗?

沉痛的教训告诉人们，众多矿难的发生与一些领导缺乏职业道德，只重生产、不重安全直接相关，而23号文件的出台正是从根本上敲响了煤矿负责人的警钟。

文件的初衷非常明确，在日常巡查中，矿领导能了解井下安全生产状态，发现隐患及时排除，同时也可以洞察矿工的心态，舒缓他们的工作压力；而一旦井下有紧急情况，他们也会根据综合掌握的一手信息应急指挥，确定一个科学、有效的处理方法。这是国家通过法律法规的途径来要求我们工矿经营者提高职业化素养。

“矿长助理”算不算是煤矿的主要领导，能付多大的责任，自然由相关部门来认定，这里不作讨论。只是从这种突击提拔的应急措施中，人们看到的是工矿经营者对职业化的漠视，对安全的漠视，对责任的推卸。责任者尚且如此，你又如何去要求下面的干部和员工做到位?

这一案例给我们上了活生生的一课：职业化如何落实到位？规定谁来监督执行？对于这点障碍，对策有三点。

首先，制定规章制度时，封杀被钻空子的空隙。比如，由相关部门进一步明确带班领导的具体职务和详细职责，并且采用各种宣传手段通知到每一个矿工。总而言之，规章的制定应该细致明确，考虑到一线企业的各种复杂情况，不给人以可趁之机。同时，在执行过程中要加强监督管理，保障条例的顺利实施。

其次，进行有效的监督。设立专门的督导小组，督导小组负责人的职权是跨所有部门，有资格管到每一个部门。此案例中，职能管理部门就应该加强监管，把矿主也纳入到“矿领导”的职责范围里来，加强突击检查力度，一经发现，严惩不贷。

最后，设置投诉、举报渠道，以便及时发现违规现象。上述新闻事件中，媒体担当了这个角色，向全社会曝光。

2. “差不多”现象

有位老兄声名很大，而且出名很久了，胡适先生就为他写过文章，并推举他为全中国人的代表，他就是差不多先生。

差不多先生常常说：“凡事只要差不多就好了，何必太认真呢？”

比如他小的时候，他妈叫他去买红糖，他买了白糖回来。他妈就骂他，他摇摇头说：“红糖白糖不是差不多吗？”

他在学堂的时候，先生问他：“河北省的西边是哪一省？”他说是陕西。先生说，“错了，是山西，不是陕西。”他说：“陕西同山西，不是差不多吗？”

后来他在一个钱铺里做伙计，他也会写，也会算，只是总不会精细。十字常常写成千字，千字常常写成十字。掌柜的生气了，常常骂他。他只是笑嘻嘻地道："千字比十字只多一小撇，差不多，差不多。"

差不多先生有一次得了急病，就赶快叫家人去请东街的汪医生。可家人急急忙忙一时寻不着，却把西街牛医王大夫请来了。差不多先生病在床上，知道找错了人，但病急了，身上痛苦，心里焦急，心里想："好在王大夫同汪大夫也差不多，让他试试看罢。"于是这位牛医王大夫用医牛的法子给差不多先生治病，于是一个小时后差不多先生就一命呜呼了。

差不多先生差不多要死的时候，一口气断断续续地说道："活人同死人也差……差……差不多，凡事只要……差……差……不多……就好了，何……何必……太……太认真呢?"他说完了这句话，方才绝气了。

这就是胡适先生文章里的差不多先生，又似乎时时在我们身边出现。在企业里，也有很多"差不多主管"，发生着一些差不多的事情。

开会的时候，"差不多主管"说：差不多时间到就好了，何必一定要准时到呢。于是"差不多主管"迟到了足足10分钟。

制订工作计划的时候，"差不多主管"说：做得差不多清楚就可以了，多留点余地多好。于是最初计划好的人力、物力、工作安排在真正做的时候不停修改调整，推倒重来。

"差不多主管"负责公司的产品生产、质量管理的时候，他常常说：差不多达到要求就可以了，何必这么累呢。于是公司产品合格率下降了1%。"差不多主管"仍旧说：99%和98%的合格率其实也差不多。

“差不多主管”给客户做工程设计和安装时候说：差不多就可以了。结果客户向公司投诉不能用，“差不多主管”无辜地说：差不多就行了，何必这么挑剔呢。

“差不多主管”负责招聘新员工的时候，常常没谈两句就把人招进来，后面用起来才发现不合要求，只好辞退重新再招。“差不多主管”于是也很无奈：嘿嘿，招个合格的员工还真难。

……

一个会议，如果有 20 个人参加，大家都等那个最晚到的人 10 分钟，等于 20 个人每人都浪费 10 分钟，3 个多小时就这样白白溜走；一个工作计划，实施到一半又推翻重来，损失可能数十万甚至上百万计，人员也疲于应付，斗志丧失；企业的产品合格率下降 10%，如果企业一年生产 10000 台产品，每台成本 10000 元，就等于直接损失了上千万；客户投诉，就需要重新检查线路、重新返工调试，不仅费人费钱，还影响了公司的形象；招聘人员，不确定严格的要求和标准，草率进人，不仅增加招聘成本，更影响各部门正常的工作计划和进度，损失不可谓不大。

要将“差不多”现象彻底消灭，需要做到“建立标准、学习标准、执行标准”。为什么在企业里有这么多差不多现象存在？因为企业缺少标准，员工不知道也不去学标准，违反了标准也没关系。于是就出现了“差不多就行了，何必那么认真呢”。

建立标准就是要根据岗位确定岗位工作职责，细化每一项工作内容完成要求，制订工作完成的合格标准（底线）是什么，良好的标准是什么，优秀的标准又是什么。

学习标准是在企业建立标准后组织各岗位的员工学习直至明确了解他们的工作职责和每一项工作内容完成的要求。如有需要，则对工作能力或意愿有所欠缺的员工进行培训。

执行标准就是建立标准化工作流程管理和考核体系，保证员工按照工作标准执行，采取过程控制和工作结果导向管理，奖优罚劣。

这样，每个岗位的人员都知道他要干什么工作。每个员工都清楚做一件事情做到什么样的程度算合格，做到什么样的程度算优秀。每个员工都了解如果做不合格自己该负什么责任。如果做得优秀会得到什么奖励，而确定员工做得比标准好就得到了奖励，做得不符合标准要求就承担了相应的责任，那么差不多先生就真正没有立足之地了。这样的人员才是职业化的员工，这样的团队才是一支职业化的团队。

第九章　家业长青：打造优秀的二代接班人

【杨老师管理关键词】

家族企业、接班人、体制、素养

“创一代”如何帮助“富二代”向少帅转变？如何制订符合自身状况、切实可行的接班人规划？如何把握最佳的交接班时机？企业家打造优秀的二代接班人，并着力为企业家打造良好的家庭氛围，为企业家解决发展的后顾之忧，真正帮助企业实现基业百年。

第一节　家族企业的“家族成员综合征”

有一家企业，老板是该行业协会的会长，公司在行业中已经拥有相当的实力和地位，可是内部管理十分混乱，员工关系错综复杂。原来，公司的几个股东都是兄弟、姐妹、老婆、舅子，公司的几个高管也是女儿、女婿、七大姑八大姨。于是就出现了严重的“家族成员综合征”，具体表现为职业经理人被边缘化、官僚作风严重、公司制度形同虚设、留不住人才等。

公司平时开高管会，大家一坐下来，说的几乎都是家乡的土话，偶尔有几个外乡的经理人根本就插不上话，人家会有什么感受：原来我是外人，没有分量也没有地位，在队伍里显得多余。更糟糕的是，很多优秀的经理人是直接被吓跑的。

老板的叔叔原来担任人事经理，在企业创办初期出过大力。后来，因为公司的规模壮大了，同时也考虑到他年纪大了，就安排这位叔叔负责安全保卫工作，另外聘用一位职业经理人当人力资源总监。新总监按照现代企业制度要求进行绩效管理，与这位叔叔产生了矛盾。本来是正常的工作矛盾，但由于家族的特殊关系，聘来的总监觉得夹在中间很难处理，几个月后他主动选择了离开。

部分亲戚趾高气扬，官僚气派十足。部门员工一犯错就暴跳如雷，于是就操起家乡的土话骂人，使得下面员工经常怨声载道。

厂房外边设有专门的抽烟室，可是员工偏偏要在厂房抽烟。公司明文规定上班要穿厂服，可是就有员工干着活，一热起来，直接把厂服一脱，赤膊上阵。很多客户提出要到厂房参观一下作业情况，公司甚至不敢答应客户这个小小的合理的要求。根源何在呢？原来是主管带坏了头，带头触犯公司制度，却“刑不上大夫”，不了了之。于是，上梁不正下梁歪，员工也学会了跟公司叫板。主管害怕没人干活，时下招工又困难，哎呀，算了算了，忍一忍，哄一哄，继续干活去。这样就形成了恶性循环！上面一压，下面就反弹，下面一反弹上面就妥协，一妥协就松散。公司就陷入一种怪象：员工要挟主管，主管要挟老板，老板倒是成了众矢之的。

这家企业已经经营13年了。在短短的这十几年中出现了至少10个竞争对手，他们都是当年这位老板的高管，这些高管离开公司，出去做回老本行当然轻车熟路了，于是跟原来的老板形成正面竞争。

试想一下，这十几个高管都有能耐当老板，说明都是管理经营的高手。既然他们都有雄心壮志去创业，如果老板当初就制定出相应的激励机制，鼓励和留住他们内部创业，每人都独当一面扛起一家分公司，那现在的公司不就已经成了集团公司吗？他们离开的原因无一不是公司里的关系复杂，管理矛盾与家族矛盾纠缠在一起，剪不断理还乱，让人心力交瘁。

1. 家族企业本身无可厚非

出现“家族成员综合征”，本身不是家族企业的错。相反，家族企业表现出强大的生命力，在经济发展中扮演越来越重要的角色。成功的家族企业在全世界范围内比比皆是。例如《幸福》杂志所列的 500 强大型企业中，有 175 家为家族企业；美国中小企业当中，有 85% 也是家族企业，在美国公开上市的最大型企业中，有 42% 的企业仍为家族企业所控制；欧洲也是家族企业盛行的地区，43% 的欧洲企业是家族企业。他们之所以能够成功，其原因就是企业有一套现代化的企业管理制度和企业文化制度。

在我国民营企业中，其中经营很成功的方太集团就是典型的家族企业，茅理翔的儿子茅忠群如今是方太厨具的总经理。而茅理翔让儿子作为其接班人，对于这种现象，我们并不能进行简单的否定，它必然有其存在的现实原因。由于我国还没有产生职业经理人阶层，所以茅理翔不得不把企业分成三个，两个儿子各经营一家公司，女儿再经营一家公司。在目前这个阶段，由于中国的职业经理人队伍还没有建立起来，家族化是没有办法的选择。

家族企业的职业化管理需要一个漫长的过程。从美国 1841 年产生第一个职业经理人，到 1971 年职业经理人队伍的出现，再到 1990 年后期CEO阶层的出现，西方企业从家族化到职业化走过了三个阶段。我曾经对世界500强企业做过一些研究，发现其中许多都是从家族企业发展而来，到了第三代才逐渐走向职业化管理。从家族化到职业化，一般要经历三个阶段：第一个阶段是家族化管理；第二个阶段进入“家族化+职业化”管理。现在我们有一些快速成长的企业，已经开始从市场中引入高级管理人才，进入到第二个阶段。第三个阶段则是进入全面职业化管理。

在这个职业化管理演变的漫长过程中，家族企业需要的是耐心和韧劲。

2. 家族成员需要自律

举贤可以不避亲。家族的亲戚之间有信任的前提，因此可以最大程度地合作。关键是亲戚作为人才被起用后，要做到“贤才”的样子。怎么做到？

首先，也是首要的，家族成员需要接受职业化管理的再教育；接受现代企业管理知识与技能的再教育；接受一切新思想新方法的再教育。因为“家族成员综合征”的悲哀源自于对职业化管理的无知。

家族成员要忘掉自己的非工作身份，心中只有职业身份。职场用的是标准的职业称呼，交谈用的是标准的工作用语，一切行动听从指挥，一切行为对结果负责。

司马家族之所以能取代曹氏家族，另立晋朝，司马懿的高瞻远瞩功不可没。早在司马懿出征边境抵抗诸葛亮时，他的儿子司马昭就跟随其身边做副将。在一次战前动员会上，司马昭主动请战，当着众多将领的面，跪下就请求：“父亲，就让我打前阵吧。”司马懿听了后，脸色一沉就开始骂："这里没有你的父亲，只有大都督。"这让其他将领心服口服。

甚至在下属面前，需要隐瞒你跟上级的亲戚身份，免得不必要的麻烦。至少不能主动地把它拿出来炫耀，这样有百害而无一利。

业绩必须做得比非家族成员更出色才有公信力。可见，做家族成员经理人，不但没有什么好处，还得付出比常人更多的努力，承担比常人更多的责任，甚至背负更沉重的负担。

3. 体制创新，制度约束，文化熏陶

光靠自律还是不够的，关于体制创新，我们国家改革 20 多年，要解决的就是一个计划经济体制向市场经济体制转型的问题。股权单一，既是家族企业的优势所在，又是问题所在。

对家族企业而言，如果没有一种既能够充分考虑股东利益，又能够兼顾管理、技术、业务骨干等内部人利益的体制设计，使人才得以聚集，管理变得科学和规范，那么想要使企业健康持续地发展就成为了一句空话。

我们认为，家族企业的体制变革和创新是企业当前面临的最严峻的挑战。对于家族企业而言，实施股权激励计划是一个必要和必然的选择。发达国家实施的行之有效的股权激励制度为我们提供了一个很好的选择。家族企业实施股权激励计划，不仅仅是一种激励制度的创新，更重要的是借此建立一个经营者、员工的价值体现与所有者的利益获得的平衡点，形成一个所有者、经营者、员工共谋发展、共享利益的新局面，从而吸引、激励经营者、业务和技术人员全力以赴，谋求企业的发展，提高企业的向心力、凝聚力和战斗力。可以说，要想使家族企业成为长寿企业、百年老店，必须在股权激励上做文章。

股权型报酬的主要形式有员工直接购股、员工持股计划（ESOP）、股票期权（ISO）、模拟股票等。应用股权型报酬的企业遍布美国的各个行业及各种大小企业，但尤以技术类企业和新兴的高增长类企业最为广泛。美国持股人数已占企业员工数的50%，而这其中的50%又是通过公司的股权型报酬来实现的。在超过1/4的“财富500强”企业中，员工持有10%以上的股份。从1985—1997年，高级管理人员的工资、奖金数额增长不到一倍，而股权型报酬中的期权，其行权收益数却增长了178倍。在20世纪90年代高级管理人员的报酬总额中，股权型报酬的收益占20%～30%，在高新技术企业和一些高速增长的知识型企业中，这一比例更高。

美国学者对股权型报酬进行了大量的研究，其结论表明，在实施股权型报酬并结合参与型管理方式的企业中，这种报酬形式的执行对公司各方面均有积极的影响。应用股权型报酬最基本的目的是吸引、挽留和激励员工。实践证明，这种股权型报酬制度对于挽留企业的高级管理人才和技术人才是非常有效的。正是由于这一制度的存在，在企业成功壮大的同时，企业内部也产生了众多的百万富翁、千万富翁、亿元富翁，所以，股票期权制度在国外又被称为高级人才的“金手铐”。

国内有一家著名的企业叫宅急送，创始人是陈平，他在公司的体制创新上作出不同寻常的努力，以及巨大奉献。陈平本人从当初100%拥有公司股份，变成一个如今只拥有13%股份的小股东。从这个意义上说，他如今在公司的角色更像一个职业经理人。或者说，陈平首先从心态上把自己当成了职业经理人，否则他不会放弃股份，可能会永远沿着家族式企业的道路走下去。陈平说：“我认为企业家必须是职业经理人，他可以选择由家族的成员来经营企业，而不从市场上引入职业经理人，但家族成员的理念和思路一定是职业化的，否则企业不可能成功。”

关于制度约束，家族企业必须完全按照现代企业管理制度运作。

商鞅变法之前向秦孝公提出了三点，变法中可能出现的问题以及解决的办法：首先，有一批拥戴变法的人居于关键岗位。其次，法令不避权贵。最后，国君对变法大臣深信不疑。

类似的，当代的企业要从家族式管理向职业化管理转变，也需要经过变革甚至磨难，有的时候也要付出很大的代价。首先，关键岗位一定要有一批真正的职业经理人。其次，职业化时的制度要对任何人都生效，包括家庭制中的亲友。最后，股东对职业经理人深信不疑。

如何制度化管理，在制度化管理中有所论述，这里不再累述。

要淡化家族制，除了企业制度建设外，企业文化建设也不可或缺。企业文化管理是21世纪最高境界的管理，民营企业只有从一种小家文化走向大家文化，才能吸引更多的人才。这样的大家文化，不仅包括产品文化、人才文化、职工文化、培训文化、广告文化，还包括营销文化、对外协作文化等许多方面。一个拥有现代市场经济先进文化的企业，无论其企业制度是公众化还是家族制，都会具有凝聚力；相反，无论我们的企业制度是否现代，如果这个企业的文化很腐朽，最终还是会垮台。

从当前的现状来看，家族企业员工的职业化程度都还很低，职业化的道路还很漫长，需要我们不断地转变观念，提高思想意识。这需要从体制上不断地完善和革新，从制度上不断地健全和规范，更需要每个家族成员从点滴做起，从小事做起。

第二节 家族企业如何接班

刚才提到的体制问题，体制问题中还有第二个很棘手的问题，就是家族企业如何接班。

1. 怎样选定接班人

对所有家族企业而言，成功地继承和接班是一个生死攸关的关口。有一个统计数字，世界范围内仅有30%的家族企业延续到第二代，而只有10%～15%延续到第三代。许多家族企业的掌门人往往有意或无意地回避这一问题，导致不能在最适应的时间做出最适当的安排。而缺乏接班人规划正是很多家族企业继承失败的主要原因。

对于怎样选定接班人的问题，茅理翔认为所有用指定、行政干预等模式加以固定的，都不符合企业本性。企业的本性就是竞争，其内在机制也必须是竞争的。企业家即使为了自身利益，也会去选择一个最优秀的人作为接班人。

而茅理翔让儿子作为其接班人，他对此解释道："民营企业的员工感觉到是为私人老板打工，相对比较听话，并且有些决策老板说了就算数，而职业经理人相对来说还有差距。其次，在前几年，中国的职业经理人阶层没有形成，民营企业要找一个忠诚的、高素质的职业经理人难度很大，重复招聘的成本太高，而自己的儿子只要愿意干并且能干，培养成接班人并非不可以。"

茅理翔回忆起创业之初，说道："方太厨具创业之初，我和儿子茅忠群曾经'约法三章'，其中有一条是方太厨具原来的老员工全部辞退。我任董事长，儿子任总经理，公司中高层干部任何一个亲戚家族不得进入。但是作出这样的决定是很痛苦的。我当时有个弟弟下岗了，想到我公司做一个部长级以上的干部或者副总，但是我们已经发布出去不准一个亲戚或者是家族成员当中高层干部，后来，他告到我母亲那里，我跪在我母亲的面前，承诺用另外的办法来解决。”

2. 不要戴着有色眼镜看“富二代”

不知道从何时起，“富二代”这个词开始流行起来。“富二代”指的是我国改革开放以来，最早一代民营企业家“富一代”的子女，如今他们靠继承家产，就能拥有丰厚的财富。可是慢慢地，“富二代”这个词被赋予了一些贬义的含义：以自我为中心，不思进取，生活奢侈，缺乏社会责任感……

为什么会形成这种印象呢？我们先来看一下这些案例。

2009 年 5 月 7 日晚，一个叫胡斌的年轻人开着自己经过深度改装的三菱 EVO，在杭州市文二西路将和他同样年轻的湖南小伙子谭卓撞飞数十米。谭卓年轻的生命就这么消逝了。杭州交警部门快速反应，做出“此次车祸中肇事车辆的行驶速度在每小时 70 英里左右”的技术鉴定。这就是 2009 年中国网络大事记不得不提的“欺实马”事件。“富二代”这个群体随之被推上舆论的风口浪尖，成为众矢之的。

2009 年 10 月 5 日晚，常熟市区，23 岁的“富二代”蔡学平醉酒超速驾驶，开着自己价值 120 万元的保时捷，将一正在过斑马线的行人撞飞，伤者当夜经抢救无效死亡。

2009年11月14日，重庆20岁“富二代”罗建华在熙熙攘攘的闹市街头，驾驶一辆崭新越野车飞速行驶，两次肇事，两次逃逸。

……

像这样的例子不胜枚举。经媒体的放大和舆论的渲染，“富二代”整个群体的形象被抹黑，他们被指责为丧失道德的“败家子”。

实际上，我们不能以偏概全，很多家族企业的二代中，确实有人像人们印象中的那样，没有责任，挥霍无度，趾高气扬，但更多的却是低调务实，为人诚恳，办事守信。他们中有很多人从父辈那里顺利地接班，传承了父辈的优良品质，为家族企业的发展做出了贡献。

一些著名企业的二代接班人，比如李嘉诚之子、香港电讯盈科主席李泽楷，横店集团董事长徐永安，方太集团总裁茅忠群，万向集团总裁鲁伟鼎等。这些二代接班人在承接父亲所创基业的过程中，已经显露出少帅的风采。

这些“富二代”热衷于家族产业的传承，愿意承担更多家族和社会责任。他们表现出的精神和能力是让人欣喜的，这是社会愿意看到的正面的“富二代”形象，他们才是“富二代”的代表。

3. 二代无法接班的原因

二代无法接班，有三个原因不能忽视：一代培养无方；二代自身修炼和约束不够；来自社会的“围观”和压力。

很多人认为，企业接班人的“断层”，“富二代”的“沦陷”，是由社会环境因素造成的。中国改革开放30多年的时间里，经济得到快速发展，但人们的欲望日益膨胀，金钱成为很多人衡量一切的标尺，这种情况自然滋生了很多恣意妄为的富人。

我并不否认社会环境中的负面因素对“富二代”产生的冲击，但是为什么还是有很多积极上进、谨慎恭谦、事业有成的少帅呢？我以为关键责任还在一代。中国有句古话：子不教，父之过。这句话放在这里非常适用。这里的“教”有两个方面的意义：一是对子女性格、品质方面的磨炼，二是对二代能力方面的培养。

第一，计划生育政策的实施，使很多家庭只有一个孩子，孩子成为家庭的中心，放任和溺爱子女的现象很常见，特别是富裕家庭。过分的溺爱会导致二代缺乏独立判断和做决定的能力，缺乏艰苦奋斗的精神和必要的担当，缺乏面对挫折和战胜困难的勇气，而这些，都是企业家需要具备的非常重要的素质，需要从小进行磨炼。一代对二代在这方面教育的缺乏，对于二代接班是非常不利的。对此，一代显然要承担主要责任。

第二，作为“创一代”的父母，由于对家族企业的传承与发展缺乏一个长期的设想，忽视了对子女相关能力的培养，特别是培养子女对家族企业所在产业的兴趣和管理能力。等到孩子大了，想让他接班时，才发现很困难。因为创始人没有在二代幼年时期、在他们的思维方式和价值观正形成的时候告诉他，社会是什么、企业是什么、产业是什么，家族应该延续什么样的优良传统，没有让他们对家族企业和自己的责任形成全面、深刻的认识，能力也没有培养起来，所以说等到接班的时候才发现二代没有准备好，主要是一代的责任。

当然，这不是说二代自己就没有责任，只是说作为监护人的一代责任更大。如今一代创始人大部分都面临企业传承问题，如果一代创始人非常希望自己的子女接班，却又没有提前做好规划、把自己的子女作为继承人来培养，导致交接班的时候二代不愿接班或者不能接班，这是非常遗憾的。所以说，企业的传承不仅仅是一个家族自己的事，对整个社会来说，也关系到经济的可持续发展和社会的稳定。

第三节　二代接班，任重而道远

“富二代”和少帅最本质的区别是什么呢?

1. 责任，是富二代与少帅的分水岭

我认为，少帅承受的压力、责任，要远远多于富二代。要想成为少帅，就一定要有意愿继承创始人基业，有能力带领企业发展。如果说创始人的事业你不愿意干，家族的产业你不愿意继承，你想选择自己喜欢的另一种方式生活，那你就只是富二代，不是少帅。

富二代成为少帅，是一种责任和使命。可以从三个角度来解读。

（1）家族责任

家族创始人当初创业就是要改变生存条件，改变命运，为家族争光。因此对创始人当时的选择和创业的艰辛是少帅首先要理解的。了解创始人创业的艰辛后，少帅才能增强自己的使命感。从家族兴旺角度看，继承家业，经营好家业是少帅必须承担的责任。这是所谓的“小家”。

（2）企业责任

家族企业的兴旺发展，不仅限于家族的荣誉，也关系到企业中所有员工的利益、企业合作者的利益，等等。这时的创始人，必须跳出家族内部的角色，从一个企业家的角度去看待问题。从这一角度分析，少帅接班就必然承载了将企业办好办长久的责任。这种责任已经从小家到大家了。

（3）社会责任

这是企业最高层面的追求。创始人要目光长远，绝不能只考虑利润，只考虑企业自身，还应该以社会责任为己任。只有这样企业才能赢得社会的尊重，才能持续健康地发展。

很多企业在做大做强后，积极回报社会，投身慈善事业，这是体现企业社会责任感的一种方式，这个阶段的企业已进入“普度众生”的状态。少帅接班应该秉承企业这种良好的传统，将社会责任发扬光大。

上述三种责任实际上是统一的，相辅相成的。虽然在最初阶段，企业创始人必然会考虑家族利益多一些，但是只考虑家族利益不考虑他人利益的企业是办不长久的。可以说，企业发展到一定阶段，家族利益与他人利益、社会利益紧密相连，一个环节出问题，就会波及家族利益。因此，少帅接班后，实际上就是选择承担上述的全部责任。

2. 阻碍二代成才的“三座大山”

二代接班首先是一种责任，在接班后，“三座大山”是阻碍富二代成长为一名少帅的主要障碍。

（1）对家族产业不够了解

接班人要对家族企业所在的行业形成全面的了解。为什么选择了这个行业没选择那个行业？很多时候，创始人想让二代接班，但是二代认为父辈的这个产业根本不适合自己，不想接这个班。这是一种很尴尬的局面。

实践观察发现，在产业认识问题上一旦产生分歧，很多创始人就不会轻易地把班交给二代。一代创始人会认为：因为你缺少认同，缺少艰苦奋斗的精神，我害怕你接班之后，战略会发生重大变化，可能对企业未来发展产生危害。

（2）对压力的承受能力不足

富二代都过着养尊处优的生活。他们进贵族学校，享受最好的教育，就像温室里的花朵，被精心呵护着。如果突然有一天，一代创始人对他们说，你要继承产业，在这个过程中你将面对巨大的压力和责任，这对于二代来说是有难度的。

（3）难以继承一代的创业精神和经验

二代在接班中最难继承的是一代的创业精神和经验，因为这需要理念和方法。

创始人在创业和经营企业的过程中，都会形成自己独特的价值观、精神传统和管理经验，这些大部分已成为企业文化的重要组成部分。创始人在实践中磨砺出来的特质不会随意改变，遇事难免会坚持己见，有时候甚至是固执。而接班人对这种特质是有不同看法的。有的人会认为父辈很多东西是没有用的，因此接受少，对抗多；有的则更加理性一些，他们会分析父亲干了这么多年，为什么会成功，为什么在那么多企业中能够脱颖而出，为什么在危机中能够绝处逢生，这样的特质一定起到了作用，这是值得自己学习和借鉴的。这样的换位思考是继承创始人创业精神的关键。

经验是一把双刃剑，可以帮你成功，也可以让你变得教条和僵化。如果照搬照抄创始人的经验，不一定会继续成功。因为过去的经验是在当时环境下总结的，现在和未来的环境不一样，照搬照抄就会有风险。但是，一代创始人创业经验的形成逻辑，可以帮助接班人建立新经验、新方法，为企业不断注入新的发展活力。

3. 从提升接班人自身素养开始

创始人为接班人铺好路，接下来就要靠接班人自己去走了。这就需要接班人自己勤加修炼，努力提升自身素养。

（1）使命感和责任感

创始人往往认为，自己的子女接手自己的企业是天经地义的，所以会忽略对他们接班前和接班后责任感和使命感的培养。

在这方面大家应该学习李嘉诚。在孩子很小的时候，李嘉诚就带他们参加董事会，观察董事会是如何做决策的。内地也有这样的例子，知名企业三一重工的二代接班人梁冶中记得在自己很小的时候，父亲梁稳根就带他去参加董事会。这个做法有助于接班人理解创始人的产业，理解自己的家族，增强荣誉感，增强对企业的使命感和责任感。这种使命感和责任感不仅需要提前培养，而且需要接班人在接班过程中和接班以后不断强化。

（2）创业的激情和创新的愿望

社会是不断发展的，时代是不断进步的，如果接班人没有创业和创新的心态，只是照单全收式的继承，只是简单守业，企业是很难持续发展的。接班人只有保持与时俱进的心态，在守业的基础上创业，在继承的基础上创新，才能带领企业不断创造辉煌。

（3）风险意识和风险承受力

企业发展过程中可能遇到各种风险，比如经营风险、产业面临的转型风险、管理中的决策风险、人事风险和财务风险等。首先，接班人必须具备风险意识，在做决策之前进行全面、周密的思考，对决策可能产生的风险进行权衡。其次，接班人要敢于面对风险，勇于承担风险。风险一旦成为现实，接班人必须做到临危不乱，并能够采取积极有效的应对措施，尽最大力量弥补之前的错误，把损失降到最低。

接班人必须敢于尝试，不能害怕错误，害怕错误就永远不会决策；

不能害怕冲突，回避冲突就无法培养解决问题的能力；不能害怕风险，害怕风险就不可能建立风险管控能力。

（4）领导力

领导力是在实践中培养出来的，不是理论上的问题。接班人经历多了，领导力一定会增强；缺乏实践经验，学多少套理论也不能真正解决问题。判断力和决策力是提升领导力的要素，一个领导者总是要在各种复杂的情况下做出判断和决策。

如果接班人不具备准确的判断力和果断的决策力，是很难树立威信的，更难以担当起领导企业不断发展的重任。这是需要接班人在实践中有意识地加强自我修炼的。

（5）与企业核心竞争力相关的经验和知识

所谓核心竞争力，就是这个企业与众不同，从而在同行业中能够使自己脱颖而出的特质。这个核心竞争力是在创始人创立和经营企业的长期实践中逐渐显现出来的，是一个企业的立身之本。与企业核心竞争力相关的经验和知识，是保证接班人顺利继承企业并正确把握企业未来发展方向的关键。如果这方面能力缺乏，接班人领导这个企业就会面临巨大的风险，特别是在那些关系到企业经营方向、重大业务和人事决策等重大问题上。

接班人要成为“少帅”，需要严格要求自己，找到差距，弥补不足，不断地在实践中自我修炼、自我提升。